全 世 界 无 产 者 ， 联 合 起 来 ！

纪念马克思诞辰**200**周年

马克思恩格斯著作特辑

恩 格 斯

社会主义
从空想到科学的发展

中共中央　马克思　恩格斯　著作编译局编译
　　　　　列 宁　斯大林

人民出版社

编 辑 说 明

2018年5月5日,是马克思诞辰200周年。在人类历史上,马克思是对世界现代文明进程影响最深远的思想家和革命家。他和恩格斯共同创立的科学理论体系,是人类数千年来优秀文化的结晶,是工人阶级及其政党的行动指南,是中国人民为实现中华民族伟大复兴而团结奋斗的思想基础。为了缅怀和纪念这位伟大的革命导师,推进新时代马克思主义中国化、时代化、大众化事业,我们精选了马克思和恩格斯在各个时期写的具有代表性的重要著作,编成《马克思恩格斯著作特辑》,奉献给广大读者,以适应新形势下学习和研究马克思主义理论的需要。

《马克思恩格斯著作特辑》的编辑宗旨是面向实践、贴近读者,坚持"要精、要管用"的原则,既涵盖马克思主义哲学、政治经济学和科学社会主义的理论体系,又体现马克思和恩格斯创立和发展科学理论的历史进程;既突出他们对国际共产主义运动和民族解放运动的正确指导和有力支持,又反映他们对中华民族发展前途的深情关注和殷切期望。

《马克思恩格斯著作特辑》包含《共产党宣言》和《资本论》等14部著作的单行本或节选本,此外还有一部专题选编本《马克思恩格斯论中国》。所有文献均采用马克思恩格斯著作最新版本的译文,以确保经典著作译文的统一性和准确性。自1995年起,由我局编译的《马克思恩格斯全集》中文第二版陆续问世,迄今已出版29卷;从2004年起,我们又先后编译并出版了《马克思恩格斯文集》十卷本和《马克思恩格斯选集》第三版。《马克思恩格斯著作特辑》收录的文献采用了上述最新版本的译文;对未收入上述版本的马克思恩格斯著作的译文,我们按照最新版本的编译标准进行了审核和校订。

《马克思恩格斯著作特辑》采用统一的编辑体例。我们将马克思、恩格斯在不同时期为一部著作撰写的序言或导言编排在这部著作正文前面,以利于读者认识经典作家的研究目的、写作缘起、论述思路和理论见解。我们还为一些重点著作增设了附录,收入对领会和研究经典著作正文有重要参考价值的文献和史料。我们为每一本书都撰写了《编者引言》,简要地综述相关著作的时代背景、思想精髓和历史地位,帮助读者理解原著、把握要义;同时概括地介绍相关著作写作和流传情况以及中文译本的编译出版情况,供读者参考。每一本书正文后面均附有注释和人名索引,以便于读者查考和检索。

《马克思恩格斯著作特辑》的技术规格沿用《马克思恩格斯全集》中文第二版的相关规定:在目录和正文中,凡标有星花 * 的标题都是编者加的;引文中尖括号〈 〉内的文字和标点符号是马克思、恩格斯加的,引文中加圈点处是马克思、恩格斯加着重号的地方;目录和正文中方括号[ ]内的文字是编者加的;未注明"编者注"的脚注是马克思、恩格斯的原注;人名索引的条目按汉语拼音字母顺序排列。

自2014年以来,由我局编译的《马列主义经典作家文库》陆续问世。这部《马克思恩格斯著作特辑》所收的文献,均已编入《文库》,特此说明。

中共中央 马克思 恩格斯 著作编译局
列 宁 斯大林

2018年2月

目 录

插　图

编 者 引 言

　　《社会主义从空想到科学的发展》是科学社会主义的重要文献，是恩格斯系统阐述科学社会主义基本原理的重要著作。

　　19世纪70年代以后，欧洲工人运动蓬勃发展，西欧主要国家的工人阶级开始建立自己的独立政党，马克思主义在斗争中逐步成为国际工人运动的主导思想，同时又面临各种错误思潮的挑战。这一时期，小资产阶级社会主义者欧根·杜林在哲学、经济学和社会主义领域宣扬唯心主义先验论、庸俗经济学和冒牌社会主义学说，对马克思主义进行猛烈攻击。为了批判杜林的荒谬理论，回击他对马克思主义的进攻，清除杜林思想对德国社会民主党的影响，恩格斯写了《反杜林论》，对马克思主义的三个组成部分——哲学、政治经济学和科学社会主义作了全面系统的阐述。

　　随着工人运动的发展，欧洲各国无产阶级政党和广大工人群众迫切需要用科学社会主义理论武装自己，以便更加清醒地同各种错误思潮划清界限，更加自觉地坚持正确的斗争方向。1880

年,恩格斯应法国工人党领袖保·拉法格的请求,把《反杜林论》的三章(《引论》的第一章《概论》,以及第三编《社会主义》的第一章《历史》和第二章《理论》)编成一本阐述科学社会主义理论的独立的通俗著作。恩格斯在编辑时对《反杜林论》中的相关内容作了补充和修改(见《马克思恩格斯文集》第9卷第382—398页)。这部著作由拉法格译成法文,经恩格斯本人校阅后,起初以《空想社会主义和科学社会主义》为题发表在法国社会主义杂志《社会主义评论》1880年第3—5期,同年出版了单行本。1882年德文单行本(1883年出版)改用现在的标题。

恩格斯在这部著作中概述了社会主义思想的历史发展,评述了三大空想社会主义者的理论贡献和历史局限性,阐明了科学社会主义的理论来源;论述了唯物辩证法和形而上学的根本区别以及辩证唯物主义的自然观和历史观的创立过程,指出正是由于马克思创立了唯物史观和剩余价值理论,社会主义从空想变成了科学,深刻揭示了马克思主义三个组成部分的内在联系。恩格斯还阐明了科学社会主义产生的社会经济根源,指出:随着资本主义制度的确立,生产力以前所未闻的速度和规模发展起来;生产力的迅猛发展与资本主义生产关系发生严重冲突。"现代社会主义不过是这种实际冲突在思想上的反映,是它在头脑中,首先是在那个直接吃到它的苦头的阶级即工人阶级的头脑中的观念上的反映。"(见本书第62页)科学社会主义是"无产阶级运动的理论表现"(见本书第81页)。恩格斯从唯物史观出发,揭示了资本主义的基本矛盾是社会化生产和资本主义私人占有之间的矛盾,指出这一矛盾"表现为个别工厂中生产的组织性和整个社会中生产的无政府状态之间的对立","表现为无产阶级和资产阶级的对立"(见本书第68、66页），这一矛盾的发展将导致资本主义必然灭亡和社会主义必然胜利。结合资本主义发展的新趋势，恩格斯分析了股份公司、托拉斯和国家所有制等资本主义所有制的新形式，认为这是猛烈增长着的生产力迫使资本家阶级不得不在资本主义生产关系内部可能的限度内采用的生产资料社会化形式，"但是，无论向股份公司和托拉斯的转变，还是向国家财产的转变，都没有消除生产力的资本属性"（见本书第74页）。恩格斯还指出："现代国家，不管它的形式如何，本质上都是资本主义的机器，资本家的国家，理想的总资本家。"（见本书第74页）恩格斯强调指出，要消除资本主义基本矛盾，必须废除资本主义的占有方式，建立"那种以现代生产资料的本性为基础的产品占有方式：一方面由社会直接占有，作为维持和扩大生产的资料；另一方面由个人直接占有，作为生活资料和享受资料"（见本书第75页）。为此，必须进行无产阶级革命。他预言："无产阶级将取得公共权力，并且利用这个权力把脱离资产阶级掌握的社会化生产资料变为公共财产。通过这个行动，无产阶级使生产资料摆脱了它们迄今具有的资本属性，使它们的社会性质有充分的自由得以实现。从此按照预定计划进行的社会生产就成为可能的了。生产的发展使不同社会阶级的继续存在成为时代错乱。随着社会生产的无政府状态的消失，国家的政治权威也将消失。人终于成为自己的社会结合的主人，从而也就成为自然界的主人，成为自身的主人——自由的人。"（见本书第81页）

本书同时收录马克思为《社会主义从空想到科学的发展》写的1880年法文版前言以及恩格斯写的1882年德文第一版序言、1891年德文第四版序言以及1892年英文版导言。马克思在

1880 年法文版前言中介绍了恩格斯在理论研究和革命实践方面的杰出贡献，指出《社会主义从空想到科学的发展》包含着《反杜林论》这本书的理论部分中最重要的部分，是"科学社会主义的入门"（见本书第 5 页）。在 1882 年德文第一版序言、1891 年德文第四版序言中，恩格斯阐述了"直接在群众中"宣传科学社会主义理论的意义和方法（见本书第 6 页），阐明了科学社会主义产生的理论渊源和社会背景，揭示了唯物史观和唯物辩证法的内在联系，指出"唯物主义历史观及其在现代的无产阶级和资产阶级之间的阶级斗争上的特别应用，只有借助于辩证法才有可能。"（见本书第 8 页）1892 年英文版导言是恩格斯的一篇有丰富理论内容的重要文章。恩格斯在这篇导言中介绍了写作《反杜林论》的背景以及由《反杜林论》的三章改编成的《社会主义从空想到科学的发展》一书的出版流传情况，指出它是传播最广泛的社会主义著作。他着重论述了唯物主义和宗教、唯物史观和唯心史观之间斗争的社会背景和阶级实质，揭露了不可知论妄图调和唯物主义和唯心主义的本质，用自然科学的成就论证了世界的可知性，阐明了认识来源于实践并受实践检验这一马克思主义认识论的基本原理。恩格斯用"历史唯物主义"这个名词表述唯物史观，指出："这种观点认为，一切重要历史事件的终极原因和伟大动力是社会的经济发展，是生产方式和交换方式的改变，是由此产生的社会之划分为不同的阶级，是这些阶级彼此之间的斗争。"（见本书第 21 页）他用历史唯物主义的观点阐述了欧洲资产阶级由革命走向反动的历史以及无产阶级反对资产阶级的斗争历程，揭露了资产阶级利用宗教来阻挡无产阶级革命洪流的险恶用心和卑劣手段，指出"任何宗教教义都难以支撑一个摇摇欲坠的社会"（见本书第 34 页）。恩

格斯还强调:"欧洲工人阶级的胜利不是仅仅取决于英国。至少需要英法德三国的共同努力,才能保证胜利。"(见本书第35页)

本书在附录部分收入恩格斯写的《马尔克》一文。《马尔克》阐述了德国土地所有制产生和发展的历史,是马克思主义唯物史观形成过程中的一部重要文献。恩格斯曾以附录的形式将《马尔克》收入《社会主义从空想到科学的发展》的四个德文版和1892年英文版。他在1892年英文版导言中指出:"附录《马尔克》是为了在德国社会党内传播关于德国土地所有制的历史和发展的一些基本知识而写的。这是非常必要的,因为当时党在团结城市工人的工作方面已经完成在望,又要着手进行农业工人和农民的工作。"(见本书第13页)另一方面,了解农村土地所有制的历史演变情况,对于理解唯物史观,并在此基础上理解《社会主义从空想到科学的发展》这部著作阐明的科学社会主义原理具有重要的意义。在写作过程中,恩格斯利用了他研究德意志人早期历史所收集的材料,尤其是对格·路·毛勒的著作反复进行了批判性的研究,获得了不少新的认识。初稿完成后,他曾通篇修改,三易其稿,最后又寄给马克思过目,马克思对本文作了很高的评价。恩格斯1882年12月22日致信奥·倍倍尔,说《马尔克》是他"研究德国历史的第一个成果"(见《马克思恩格斯全集》中文第1版第35卷第416页)。恩格斯还在1883年底专门为农民读者出版了单行本,并把标题改为《德国农民。他过去怎样?他现在怎样?他将来会怎样?》。

《社会主义从空想到科学的发展》发表以后,很快被译成欧洲多种文字,在工人中得到广泛传播,对宣传马克思主义起了巨大作用。这部著作1882年在日内瓦出版了波兰文本;1883年在贝内文托出版了意大利文本;1883 年在霍廷根—苏黎世出版了德文本,书名为《社会主义从空想到科学的发展》(扉页上标明的时间是 1882 年),同年又在该地出版了德文第二版和第三版。这部著作的俄译本最初以《科学社会主义》为标题于 1882 年 12 月发表在秘密杂志《大学生》第 1 期,1884 年劳动解放社又在日内瓦出版了单行本,标题为《科学社会主义的发展》;丹麦文译本于 1885 年在哥本哈根出版;1891 年在柏林出版了这部著作的德文第四版;1892 年出版了由爱·艾威林翻译的英文版,恩格斯写了长篇导言。

《社会主义从空想到科学的发展》最早由施仁荣译成中文,1912 年发表在上海《新世界》杂志第 1、3、5、6、8 期;1928 年上海创造社出版部出版了朱镜我的中译本;1938 年延安解放社出版了吴黎平的中译本;1943 年延安解放社又出版了博古校译的中译本。

中央编译局成立后,对《社会主义从空想到科学的发展》的中文译本进行了多次修订。20 世纪 60 年代初,我们根据 1953 年柏林狄茨出版社出版的《马克思恩格斯文选》两卷集德文版并参考俄文版和英文版校订了这部著作,其中《社会主义从空想到科学的发展》正文与 1880 年法文版前言、1882 年德文第一版序言、附录《马尔克》编入 1963 年出版的《马克思恩格斯全集》中文第一版第 19 卷,1891 年德文第四版序言及 1892 年英文版导言编入 1965 年出版的《马克思恩格斯全集》中文第一版第 22 卷。1967 年,我们根据《全集》第 19 卷和第 22 卷出版了这部著作的单行本,收录了法文版前言、德文第一版序言、德文第四版序言和英文版导言。1972 年出版的《马克思恩格斯选集》第一版第 3 卷收入《社会主义从空想到科学的发展》、德文第一版序言和英文版导言。在此基础上,《马克思恩格斯选集》第二版第 3 卷(1995)和新版单行本

（1997）又收录了法文版前言和德文第四版序言。随后，我们根据《马克思恩格斯全集》历史考证版第1部分第27卷对这部著作的正文、德文第一版序言及附录《马尔克》重新作了校订，编入2001年出版的《马克思恩格斯全集》中文第二版第25卷。

从2004年起，在中央组织实施的马克思主义理论研究和建设工程中，我们对这部著作的正文及所有前言、导言与序言的译文再次进行了审核修订，先后编入2009年出版的十卷本《马克思恩格斯文集》第3卷和2012年出版的《马克思恩格斯选集》第三版第3卷。

本书的正文和资料选自《马克思恩格斯选集》第三版第3卷，并根据《马克思恩格斯全集》历史考证版作了修订。

弗·恩格斯

社会主义从空想到科学的发展

Bibliothèque de la REVUE SOCIALISTE
I.

SOCIALISME UTOPIQUE

ET

SOCIALISME SCIENTIFIQUE

PAR

FRÉDÉRIC ENGELS

Traduction française par

PAUL LAFARGUE

Prix: 50 centimes

PARIS

DERVEAUX LIBRAIRE-ÉDITEUR

32, Rue d'Angoulême, 32

1880

《空想社会主义和科学社会主义》1880 年法文版扉页

马克思写的 1880 年法文版前言[1]

这本小册子中所包含的内容是早先刊登在《社会主义评论》[2]上的三篇文章,它们译自恩格斯最近的著作《科学中的变革》①。

弗里德里希·恩格斯是当代社会主义最杰出的代表人物之一,他在 1844 年就以他最初发表在马克思和卢格在巴黎出版的《德法年鉴》[3]上的《国民经济学批判大纲》②引起了注意。《大纲》中已经表述了科学社会主义的某些一般原则。在曼彻斯特(当时恩格斯住在那里),他用德文写了《英国工人阶级状况》②(1845 年),这是一部重要的著作,其意义由马克思在《资本论》中作了充分的估价。在他第一次旅居英国以及后来旅居布鲁塞尔的时候,他是社会主义运动的正式机关报《北极星报》[4]和罗伯特·欧文的《新道德世界》[5]报的撰稿人。

在他旅居布鲁塞尔时,他和马克思建立了德意志共产主义工

---

① 指《反杜林论。欧根·杜林先生在科学中实行的变革》。在保·拉法格以《空想社会主义和科学社会主义》为标题出版的版本中,此处有如下补充:"文章经作者校阅过,而且作者为了使资本主义生产的经济力量的辩证运动更容易为法国读者所理解,还在第三部分作了一些补充。"——编者注

② 见《马克思恩格斯选集》第 3 版第 1 卷。——编者注

人协会**6**,这个协会同佛兰德和瓦隆的工人俱乐部保持了联系。他们两人和伯恩施太德一起创办了《德意志—布鲁塞尔报》**7**。应**正义者同盟8**设在伦敦的德国委员会的邀请,他们参加了这个最初由卡尔·沙佩尔在1839年因参加布朗基的密谋而从法国逃亡以后所创立的团体。从那时起,同盟就放弃了秘密团体惯用的形式,变成国际性的**共产主义者同盟9**了。但是在当时的情况下,该团体还必须对各国政府保持秘密。1847年,在同盟于伦敦召开的国际代表大会上,马克思和恩格斯被委托起草《共产党宣言》,《宣言》在二月革命**10**前不久出版,并且几乎立即被翻译成欧洲的各种语言①。

同年,马克思和恩格斯致力于建立**布鲁塞尔民主协会11**的工作,这是一个公开的和国际性的团体,参加这个团体的有资产阶级激进派的代表和无产阶级工人的代表。

二月革命后,恩格斯成了《新莱茵报》**12**的编辑,这家报纸是由马克思1848年在科隆创办的,由于普鲁士发生政变,于1849年6月被查禁。恩格斯参加埃尔伯费尔德起义以后,作为志愿军团指挥官维利希的副官参加了反对普鲁士人的巴登起义(1849年6—7月)。**13**

1850年,他在伦敦为《新莱茵报。政治经济评论》**14**撰稿,这个刊物是由马克思出版并在汉堡刊印的。恩格斯在上面首次发表《德国农民战争》②,该文19年后在莱比锡印成小册子重新出版并

---

① 在保·拉法格出版的小册子原文中还作了如下的补充:"《共产党宣言》是现代社会主义最有价值的文件之一;它现在仍然是描述资产阶级社会的发展和必将结束资本主义社会的无产阶级的形成的最有力和最鲜明的著作之一;在这一著作中,正像在早一年出版的马克思的《哲学的贫困》中一样,第一次清楚地表述了阶级斗争的理论。"——编者注
② 见《马克思恩格斯文集》第2卷。——编者注

出了三版。

在德国的社会主义运动重新活跃起来以后,恩格斯成为《人民国家报》[15]和《前进报》[16]的撰稿人;这两家报纸所发表的最重要的论文都是他写的,其中大部分都印成了小册子:《论俄国的社会问题》①、《德意志帝国国会中的普鲁士烧酒》②、《论住宅问题》③、《行动中的巴枯宁主义者》④等等。

1870 年恩格斯从曼彻斯特迁居伦敦以后,参加了国际[17]总委员会;他被委托负责同西班牙、葡萄牙和意大利的通信联系。

他为《前进报》撰写并讽刺地题为《欧根·杜林先生在科学中实行的变革》的最近的一组论文,是对欧根·杜林先生关于一般科学,特别是关于社会主义的所谓新理论的回答。这些论文已经集印成书并且在德国社会主义者中间获得了巨大的成功。在这本小册子中我们摘录了这本书的理论部分中最重要的部分;这一部分可以说是**科学社会主义的入门**。

卡·马克思写于 1880 年 5 月 4—5 日前后

载于 1880 年在巴黎出版的恩格斯《空想社会主义和科学社会主义》一书

原文是法文

选自《马克思恩格斯选集》第 3 版第 3 卷第 741—744 页

---

① 恩格斯《流亡者文献。五 论俄国的社会问题》,见《马克思恩格斯选集》第 3 版第 3 卷第 323—336 页。——编者注
② 见《马克思恩格斯全集》中文第 2 版第 25 卷。——编者注
③ 见《马克思恩格斯选集》第 3 版第 3 卷。——编者注
④ 恩格斯《行动中的巴枯宁主义者——关于西班牙最近一次起义的札记》,见《马克思恩格斯全集》中文第 1 版第 18 卷。——编者注

1882 年德文第一版序言[18]

后面这篇论文是由 1878 年在莱比锡出版的我的著作《欧根·杜林先生在科学中实行的变革》中的三章集合而成的。我为我的朋友保尔·拉法格把这三章汇集在一起交给他译成法文,并增加了若干比较详细的说明。经我校阅过的法译文最初发表在《社会主义评论》[2]上,后来于 1880 年在巴黎印成单行本出版,书名为《空想社会主义和科学社会主义》。根据法译文翻译的波兰文本于 1882 年刚刚在日内瓦由黎明印刷所出版,书名为《空想的和科学的社会主义》。

拉法格的译本在说法语的国家,特别是在法国,获得了意外的成功,这给我提出了一个问题:这三章如果按德文印成单行本出版,是否同样有好处。这时,苏黎世的《社会民主党人报》[19]编辑部告诉我,在德国社会民主党内普遍感到迫切需要出版新的宣传小册子,问我是否愿意把这三章用于这一目的。我当然同意这样做,并把我的著作交给他们处理。

可是,这一著作原来根本不是为了直接在群众中进行宣传而写的。这样一种首先是纯学术性的著作怎样才能适用于直接的宣传呢? 在形式和内容上需要作些什么修改呢?

　　说到形式，只有出现许多外来语这一点可能引起疑虑。但是拉萨尔在他的演说和宣传性文章中已经根本不避讳使用外来语，而据我所知，大家并没有因此提出抱怨。从那时以来，我们的工人已经更多地和更经常地阅读报纸，因此也更多地熟悉外来语。我只限于删去一切不必要的外来语。那些必不可少的外来语，我没有加上所谓解释性的翻译。这些必不可少的外来语大部分是通用的科学技术用语，如果能翻译出来，那就不是必不可少的了。这就是说，翻译只能歪曲这些用语的含义；这样做解释不清楚，反而会造成混乱。在这里，口头的解释会有更大的帮助。

　　相反，在内容方面，我可以肯定地说，对德国工人来说困难是不多的。总的说来，只有第三部分是困难的，但是对工人，比对"有教养的"资产者，困难要少得多，因为这一部分正是概括了工人的一般生活条件。至于说到我在这里加上的许多说明，那么实际上我与其说是考虑到工人，不如说是考虑到"有教养的"读者，如议员冯·艾内恩先生、枢密顾问亨利希·冯·济贝耳先生以及特赖奇克之流的人物，他们为不可遏制的欲望所驱使，总是一再确凿无误地表明他们的惊人的无知以及因而可以理解的对社会主义的巨大的误解。唐·吉诃德手执长矛同风车搏斗，这是合乎他的身份和所扮演的角色的；但是，我们不能容许桑乔·潘萨去做这类事情。

　　这样的读者也会觉得奇怪，为什么在社会主义发展史的简述中提到康德—拉普拉斯的天体演化学[20]，提到现代自然科学和达尔文，提到德国的古典哲学和黑格尔。但是，科学社会主义本质上就是德国的产物，而且也只能产生在古典哲学还生气勃勃地保存着自觉的辩证法传统的国家,即在德国①。唯物主义历史观及其在现代的无产阶级和资产阶级之间的阶级斗争上的特别应用,只有借助于辩证法才有可能。德国资产阶级的学究们已经把关于德国伟大的哲学家及其创立的辩证法的记忆淹没在一种无聊的折中主义的泥沼里,这甚至使我们不得不援引现代自然科学来证明辩证法在现实中已得到证实,而我们德国社会主义者却以我们不仅继承了圣西门、傅立叶和欧文,而且继承了康德、费希特和黑格尔而感到骄傲。

弗里德里希·恩格斯

1882 年 9 月 21 日于伦敦

弗·恩格斯写于 1882 年 9 月 21 日

载于 1882 年在霍廷根—苏黎世出版的恩格斯《社会主义从空想到科学的发展》一书

原文是德文

选自《马克思恩格斯选集》第 3 版第 3 卷第 745—747 页

---

① 1891 年柏林版中,恩格斯在这里加了一条脚注:"'在德国'是笔误,应当说'在德国人中间',因为科学社会主义的产生,一方面必须有德国的辩证法,同样也必须有英国和法国的发达的经济关系和政治关系。德国的落后的——40 年代初比现在还落后得多的——经济和政治的发展阶段,最多只能产生社会主义的讽刺画(参看《共产党宣言》第三章(丙)《德国的或"真正的"社会主义》)。只有在英国和法国所产生的经济和政治状态受到德国辩证法的批判以后,才能得出确实的结论。因而,从这方面看来,科学社会主义并不**完全是**德国的产物,而同样是国际的产物。"这条脚注在 1883 年德文第一版中是篇末注,题为"对序言作的注",原注开头引述了"但是,科学社会主义……即在德国"这一段话。——编者注

1891 年德文第四版序言[21]

我曾经预料,这篇论文的内容对我们的德国工人来说困难是不多的,现在这个预料已被证实。至少从 1883 年 3 月第一版问世以来已经印行了三版,总数达 1 万册,而且这是在现今已寿终正寝的反社会党人法[22]的统治下发生的事情。同时,这也是一个新的例证,说明警察的禁令在像现代无产阶级的运动这样的运动面前是多么软弱无力。

从第一版印行以来,又出版了几种外文译本:帕斯夸勒·马尔提涅蒂翻译的意大利文本《空想社会主义和科学社会主义》1883 年贝内文托版;俄文本《科学社会主义的发展》1884 年日内瓦版;丹麦文本《社会主义从空想到科学的发展》,载于《社会主义丛书》第一卷,1885 年哥本哈根版;西班牙文本《空想社会主义和科学社会主义》1886 年马德里版;以及荷兰文本《社会主义从空想到科学的发展》1886 年海牙版。

本版作了一些小的修改;比较重要的补充只有两处:在第一章中关于圣西门的补充,同傅立叶和欧文相比,关于圣西门过去谈得有点过于简略;其次是在第三章接近末尾处关于在这期间已经变得很重要的新的生产形式"托拉斯"的补充[23]。

弗里德里希·恩格斯

1891 年 5 月 12 日于伦敦

弗·恩格斯写于 1891 年 5 月 12 日

载于 1891 年在柏林出版的恩格斯《社会主义从空想到科学的发展》一书

原文是德文

选自《马克思恩格斯选集》第 3 版第 3 卷第 748—749 页

1892 年英文版导言[24]

这本小册子本来是一本大书的一部分。大约在 1875 年，柏林大学非公聘讲师欧·杜林博士突然大叫大嚷地宣布他改信社会主义，不仅向德国公众提出一套详尽的社会主义理论，而且还提出一个改造社会的完备的实际计划。当然，他竭力攻击他的前辈，首先选中了马克思，把满腔怒火发泄在他的身上。

这件事发生时，德国社会党的两派——爱森纳赫派[25]和拉萨尔派[26]——刚刚合并[27]，因而不仅力量大增，而且更重要的是能够全力以赴地对付共同的敌人。德国社会党正在迅速成为一股力量。但是，要使它成为一股力量，首先必须使这个刚刚赢得的统一不受危害。可是，杜林博士却公然准备在他周围建立一个宗派，作为未来的独立政党的核心。因此，不管我们是否愿意，我们必须应战，把斗争进行到底。

可是，这件事虽然不太困难，显然也很麻烦。大家知道，我们德国人有一种非常严肃的 Gründlichkeit，即彻底的深思精神或深思的彻底精神，随你怎么说都行。当我们每个人在阐述他认为是新学说的那种东西的时候，他首先要把它提炼为一个包罗万象的体系。他一定要证明，逻辑的主要原则和宇宙的基本规律之所以存在，历来就是为了最后引到这个新发现的绝妙理论上来。在这方面,杜林博士已经完全达到这种民族标准了。整套的"哲学体系",精神的、道德的、自然的和历史的一应俱全;全套"政治经济学的和社会主义的体系";最后还有"政治经济学批判史"。这三部八开本的巨著[28],在外观上和内容上都很有分量,这三支论证大军被调来攻击所有前辈哲学家和经济学家,特别是马克思,其实,就是企图"在科学中"实行一次完全的"变革"——我所要应付的就是这些。我不得不涉及所有各种各样的问题:从时间和空间的概念到复本位制[29],从物质和运动的永恒性到道德观念的易逝性,从达尔文的自然选择到未来社会中的青年教育。无论如何,我的对手的包罗万象的体系,使我有机会在同他争论时用一种比以往更连贯的形式,阐明马克思和我对这些形形色色的问题的见解。这就是我承担这个通常是吃力不讨好的任务的主要原因。

我的答复,最初曾作为一系列论文发表在社会党的中央机关报莱比锡的《前进报》[16]上,后来汇集成书,题为"Herrn Eugen Dühring's Umwälzung der Wissenschaft"(《欧根·杜林先生在科学中实行的变革》),这本书的第二版于1886年在苏黎世出版。

根据我的朋友保尔·拉法格(现在是法国众议院里尔市的议员)的要求,我曾把这本书中的三章编成一本小册子,由他译成法文,于1880年出版,书名为《空想社会主义和科学社会主义》。波兰文版和西班牙文版就是根据这个法文本译出的。1883年,我们的德国朋友用原文出版了这本小册子。此后,根据这个德文本又出版了意大利文、俄文、丹麦文、荷兰文和罗马尼亚文的译本。这样,连同现在这个英文版在内,这本小书已经用10种文字流传开了。据我所知,其他任何社会主义著作,甚至我们的1848年出版的《共产主义宣言》①和马克思的《资本论》,也没有这么多的译本。在德国,这本小册子已经印了四版,共约两万册。

附录《马尔克》②是为了在德国社会党内传播关于德国土地所有制的历史和发展的一些基本知识而写的。这是非常必要的,因为当时党在团结城市工人的工作方面已经完成在望,又要着手进行农业工人和农民的工作。这篇附录收入这个译本,是因为人们对所有条顿部落都同样有过的原始的土地占有形式及其衰亡的历史,在英国比在德国知道得更少。我让这篇附录仍保持原状,就是说没有涉及马克西姆·柯瓦列夫斯基最近提出的假说,按照这个假说,在马尔克的成员分割耕地和草地之前,土地是由几代人共同生活的庞大的家长制家庭公社(现在还存在的南方斯拉夫人的扎德鲁加[30]可以作为例证)共同耕种的;后来,公社范围扩大,共同经营已日益不便,就出现了公社土地的分割。③ 柯瓦列夫斯基也许是完全对的,不过问题还在讨论中。

本书中所用的经济学名词,凡是新的,都同马克思的《资本论》英文版[31]中所用的一致。我们所说的"商品生产",是指这样一个经济发展阶段,在这个阶段,物品的生产不仅是为了供生产者使用,也是为了交换;也就是说,物品是**作为商品**,而不是作为使用价值而生产的。这个阶段从开始为交换而生产的时候起,一直延续到现在;这个阶段只是在资本主义生产下,也就是说,只有在占

---

① 即《共产党宣言》。——编者注
② 恩格斯《马尔克》,见本书第 85—103 页。——编者注
③ 参看马·马·柯瓦列夫斯基《家庭及所有制的起源和发展概论》1890年斯德哥尔摩版和《原始的法。第一分册:氏族》1886 年莫斯科版。
——编者注

有生产资料的资本家用工资雇用除劳动力以外别无任何生产资料的工人,并把产品的卖价超过其支出的盈余部分纳入腰包的条件下,才获得充分的发展。我们把中世纪以来的工业生产的历史分为三个时期:(1)手工业,小手工业师傅带着少数帮工和学徒,每个工人都生产整件物品;(2)工场手工业,较大数量的工人聚集在一个大工场中,按照分工的原则生产整件物品,每个工人只完成一部分工序,所以产品只有依次经过所有工人的手以后才能制成;(3)现代工业,产品是用动力推动的机器生产的,工人的工作只限于监督和调整机器的运转。

我很清楚,本书的内容将遭到颇大一部分英国公众的反对。但是,如果我们大陆上的人稍微顾及英国"体面人物"①的偏见,那么我们的处境也许更加糟糕。本书所捍卫的是我们称之为"历史唯物主义"的东西,而唯物主义这个名词是使大多数英国读者感到刺耳的。"不可知论"也许还可以容忍,但是唯物主义就完全不能容许了。

然而,从17世纪以来,全部现代唯物主义的发祥地正是英国。

"唯物主义是大不列颠本土的产儿,大不列颠的经院哲学家邓斯·司各脱就曾经问过自己:'物质是否不能思维?'

为了使这种奇迹能够实现,他求助于上帝的万能,即迫使神学来宣讲唯物主义。此外,他还是一个唯名论者**32**。唯名论是唯物主义的最初形式,主要存在于英国经院哲学家中间。

英国唯物主义的真正始祖是培根。在他看来,自然哲学才是

---

① 发表在《新时代》杂志上的德译文中,"体面人物"的后面加有"即英国庸人"。——编者注

真正的哲学,而以感性经验为基础的物理学则是自然哲学的最重要的部分。提出种子说的阿那克萨哥拉[33]和提出原子论的德谟克利特,都常常被他当做权威来引证。按照他的学说,感觉是确实可靠的,是一切知识的源泉。科学都是以经验为基础的,科学就在于把理性的研究方法运用于感官所提供的材料。归纳、分析、比较、观察和实验是理性方法的主要形式。在物质固有的特性中,第一个特性而且是最重要的特性是运动,它不仅表现为物质的机械的和数学的运动,而且主要表现为物质的冲动、活力、张力,或者用雅科布·伯麦的话来说,是物质的'痛苦'['Qual']①。

唯物主义在它的第一个创始人培根那里,还包含着全面发展的萌芽。一方面,物质带着诗意的感性光辉对整个人发出微笑。另一方面,那种格言警句式的学说却还充满了神学的不彻底性。

唯物主义在以后的发展中变得片面了。霍布斯把培根的唯物主义系统化了。以感觉为基础的知识失去了诗情画意,变成数学家的抽象经验;几何学被宣布为科学的女王。唯物主义变得漠视人了。为了能够在对手,即漠视人的、毫无血肉的唯灵论的领域制服这种唯灵论,唯物主义就不得不扼杀自己的肉欲,成为禁欲主义者。这样,它就从感性之物变成理智之物;可是,它因此也就发展了理智所特有的无所顾忌的全部彻底性。

作为培根的继承者,霍布斯声称,既然感性给人提供一切知

---

① 恩格斯在这里加了一个注,而发表在《新时代》杂志上的德译文中此注被删去:"'Qual'是哲学上的双关语。'Qual'按字面的意思是苦闷,是一种促使人采取某种行动的痛苦;同时,神秘主义者伯麦把拉丁语'qualitas'[质]的某些意义加进这个德国词;他的'Qual'和外来的痛苦相反,是能动的本原,这种本原从受'Qual'支配的事物、关系或个人的自发发展中产生出来,而反过来又推进这种发展。"——编者注

识,那么我们的概念和观念就无非是摆脱了感性形式的现实世界的幻影。哲学只能为这些幻影命名。一个名称可以用于若干个幻影。甚至还可以有名称的名称。但是,一方面认为一切观念都起源于感性世界,另一方面又硬说一个词的意义不只是一个词,除了我们通过感官而知道的存在物,即全都是个别的存在物之外,还有一般的、非个别的存在物,这就是一个矛盾。无形体的实体和无形体的形体同样是荒唐的。形体、存在、实体只是同一种实在的不同名称。**不能把思想同思维着的物质分开**。物质是世界上发生的一切变化的基础。如果'无限的'这个词不表示我们的精神具有无限增添补充的能力,这个词就毫无意义。因为只有物质的东西才是可以被我们感知的,所以我们对神的存在就一无所知了。只有我自己的存在才是确实可信的。人的一切激情都是有始有终的机械运动。欲求的对象是所谓的善。人和自然都服从于同样的规律。强力和自由是同一的。

霍布斯把培根的学说系统化了,但他没有论证培根关于人类的全部知识起源于感性世界的基本原理。洛克在他的《人类理智论》中对此作了论证。

霍布斯消除了培根唯物主义中的有神论的偏见;柯林斯、多德威尔、考尔德、哈特莱、普利斯特列也同样消除了洛克感觉论的最后的神学藩篱。无论如何,自然神论[34]对实际的唯物主义者来说不过是一种摆脱宗教的简便易行的方法罢了。"①

关于现代唯物主义起源于英国,卡尔·马克思就是这样写的。

---

① 恩格斯在这里加了一个注:"马克思和恩格斯《神圣家族》1845 年美因河畔法兰克福版第 201—204 页。[35]"——编者注

如果现在英国人对他这样赞许他们的祖先并不十分高兴,那真是太遗憾了。可是不能否认,培根、霍布斯和洛克都是杰出的法国唯物主义者学派的前辈,法国人在陆上和海上的历次战争[36]中尽管败于德国人和英国人,但这些法国唯物主义者却使 18 世纪成为一个以法国为主角的世纪,这甚至比圆满结束那个世纪的法国革命还要早;这次革命的成果,我们这些身在英国和德国的局外人还总想移植呢。

这是无可否认的。在本世纪中叶,移居英国的有教养的外国人最惊奇的,是他必然会视为英国体面的中等阶级的宗教执迷和头脑愚蠢的那种现象。那时,我们都是唯物主义者,或者至少是很激进的自由思想者,我们不能理解,为什么英国几乎所有有教养的人都相信各种各样不可思议的奇迹,甚至一些地质学家,例如巴克兰和曼特尔也歪曲他们的科学上的事实,唯恐过分有悖于创世记的神话;要想找到敢于凭自己的智力思考宗教问题的人,就必须去寻访那些没有受过教育的人,当时所谓的"无知群氓"即工人,特别是去寻访那些欧文派的社会主义者。

但是从那时以来,英国已经"开化"了。1851 年的博览会①给英国这个岛国的闭塞状态敲响了丧钟。英国在饮食、风尚和观念方面逐渐变得国际化了;这种变化之大,使我也希望英国的某些风尚和习惯能在大陆上传播,就像大陆上的其他习惯在英国传播那样。总之,随着色拉油(1851 年以前只有贵族才知道)的传入,大陆上对宗教问题的怀疑论也必然传了进来,以致发展到这种地步:

---

① 指 1851 年 5—10 月在伦敦举行的第一届世界工商业博览会。——编者注

不可知论虽然还尚未像英国国教会那样被当做"头等货色",但是就受人尊敬的程度而言,几乎和浸礼会[37]是同等的,而且肯定超过了"救世军"[38]。我时常这样想:许多人对这种越来越不信仰宗教的现象痛心疾首,咒骂谴责,可是他们如果知道这些"新奇的思想"并不是舶来品,不像其他许多日用品那样带有"德国制造"的商标,而无疑是老牌的英国货,而且他们的不列颠祖先在200年前已经走得比今天的后代子孙所敢于走的要远得多,那他们将会感到安慰吧。

真的,不可知论如果不是(用兰开夏郡的一个富于表现力的字眼来说)"羞羞答答的"唯物主义,又是什么呢? 不可知论者的自然观完全是唯物主义的。整个自然界是受规律支配的,绝对排除任何外来的干涉。可是,不可知论者又说,我们无法肯定或否定已知世界之外的某个最高存在物的存在。这种说法在拿破仑那个时代也许还有点价值,那时拿破仑曾问拉普拉斯这位伟大的天文学家,为何他的《论天体力学》①只字不提造物主,对此,拉普拉斯曾骄傲地回答:"我不需要这个假说。"可是如今,在我们不断发展的关于宇宙的概念中绝对没有造物主或主宰者的位置;如果说,在整个现存世界之外还有一个最高存在物,这本身就是一种矛盾,而且我以为,这对信教者的情感也是一种不应有的侮辱。

我们的不可知论者也承认,我们的全部知识是以我们的感官向我们提供的报告为基础的。可是他又说:我们怎么知道我们的感官所给予我们的是感官所感知的事物的正确反映呢? 然后他告

① 指皮·拉普拉斯《论天体力学》1798—1825年巴黎版第1—5卷。——编者注

诉我们:当他讲到事物或事物的特性时,他实际上所指的并不是这些他也不能确实知道的事物及其特性,而是它们对他的感官所产生的印象而已。这种论点,看来的确很难只凭论证予以驳倒。但是人们在论证之前,已经先有了行动。"起初是行动。"①在人类的才智虚构出这个难题以前,人类的行动早就解决了这个难题。布丁的滋味一尝便知。当我们按照我们所感知的事物的特性来利用这些事物的时候,我们的感性知觉是否正确便受到准确无误的检验。如果这些知觉是错误的,我们关于能否利用这个事物的判断必然也是错误的,要想利用也决不会成功。可是,如果我们达到了我们的目的,发现事物符合我们关于该事物的观念,并产生我们所预期的效果,这就肯定地证明,**在这一范围内**,我们对事物及其特性的知觉符合存在于我们之外的现实。我们一旦发现失误,总是不需要很久就能找出失误的原因;我们会发现,我们的行动所依据的知觉,或者本身就是不完全的、肤浅的,或者是与其他知觉的结果不合理地混在一起——我们把这叫做有缺陷的推理。只要我们正确地训练和运用我们的感官,使我们的行动只限于正确地形成的和正确地运用的知觉所规定的范围,我们就会发现,我们行动的结果证明我们的知觉符合所感知的事物的客观本性。到目前为止,还没有一个例子迫使我们作出这样的结论:我们的经过科学检验的感性知觉,会在我们的头脑中造成一些在本性上违背现实的关于外部世界的观念;或者,在外部世界和我们关于外部世界的感性知觉之间,存在着天生的不一致。

但是,新康德主义的不可知论者这时就说:我们可能正确地感

① 见歌德《浮士德》第 1 部第 3 场《书斋》。——编者注

知事物的特性,但是我们不能通过感觉过程或思维过程掌握自在之物。这个"自在之物"处于我们认识的彼岸。对于这一点,黑格尔早就回答了:如果你知道了某一事物的一切性质,你也就知道了这一事物本身;这时剩下来的便只是上述事物存在于我们之外这样一个事实;只要你的感官使你明白这一事实,你也就完全掌握这一事物,掌握康德的那个著名的不可认识的"自在之物"了。还可以补充一句:在康德的那个时代,我们对自然界事物的知识确实残缺不全,所以他可以去猜想在我们对于各个事物的少许知识背后还有一个神秘的"自在之物"。但是这些不可理解的事物,由于科学的长足进步,已经接二连三地被理解、分析,甚至**重新制造出来了**;我们当然不能把我们能够制造的东西当做是不可认识的。对于本世纪上半叶的化学来说,有机物正是这样的神秘的东西;现在我们不必借助有机过程,就能按照有机物的化学成分把它们一个一个地制造出来。近代化学家宣称:只要知道不管何种物体的化学结构,就可以按它的成分把它制造出来。我们现在还远没有准确地认识最高有机物即蛋白体的结构;但是没有理由说几个世纪以后我们仍不会有这种认识,并根据这种认识来制造人造蛋白。我们一旦能做到这一点,我们同时也就制造了有机生命,因为生命,从它的最低形式直到最高形式,只是蛋白体的正常的存在方式。

然而,我们的不可知论者只要作出这些形式上的思想上的保留,他的言行就像十足的唯物主义者了,实际上他也是唯物主义者。他或许会说:就**我们**所知,物质和运动,或者如今所谓的能,是既不能创造也不能消灭的,但是我们无法证明它们不是在某一个时候创造出来的。可是,你要是想在某一特定场合下利用这种承认去反驳他,他立刻就会让你闭上嘴巴。他抽象地承认可能有唯灵论,但是他不想具体地知道是否有唯灵论。他会对你说:就我们所知道或所能知道的,并没有什么宇宙的造物主和主宰者;对我们来说,物质和能是既不能创造也不能消灭的;在我们看来,思维是能的一种形式,是脑的一种功能;我们只知道:支配物质世界的是一些不变的规律,等等。所以,当他是一个科学家的时候,当他还**知道**一些事情的时候,他是一个唯物主义者;可是,在他的科学以外,在他一无所知的领域中,他就把他的无知翻译成为希腊文,称之为不可知论。

无论如何,这一点是清楚的:即使我是一个不可知论者,显然我也不能把这本小书所概述的历史观称为"历史不可知论"。信教的人将会嘲笑我,不可知论者也将厉声质问我是否在嘲弄他们。因此,我在英语中如果也像在其他许多语言中那样用"历史唯物主义"这个名词来表达一种关于历史过程的观点,我希望英国的体面人物①不至于过分感到吃惊。这种观点认为,一切重要历史事件的终极原因和伟大动力是社会的经济发展,是生产方式和交换方式的改变,是由此产生的社会之划分为不同的阶级,是这些阶级彼此之间的斗争。

如果我证明历史唯物主义甚至对英国的体面人物也是有益的,人们对我或许还会更宽容一些。我已经说过:大约在四五十年以前,移居英国的有教养的外国人最惊奇的,是他必然会视为英国体面的中等阶级的宗教执迷和头脑愚蠢的那种现象。现在我就要证明,那时候的体面的英国中等阶级,并不像有知识的外国人所认

---

① 在德译文中,"体面人物"后面加有"用德语来说叫做庸人"。——编者注

为的那样愚蠢。这个阶级的宗教倾向是有其缘由的。

当欧洲脱离中世纪的时候,新兴的城市中等阶级①是欧洲的革命因素。这个阶级在中世纪的封建体制内已经赢得公认的地位,但是这个地位对它的扩张能力来说,也已经变得太狭小了。中等阶级即**资产阶级**的发展,已经不能同封建制度并存,因此,封建制度必定要覆灭。

但是封建制度的巨大的国际中心是罗马天主教会。它尽管发生了各种内部战争,还是把整个封建的西欧联合为一个大的政治体系,同闹分裂的希腊正教徒和伊斯兰教的国家相对抗。它给封建制度绕上一圈神圣的灵光。它按照封建的方式建立了自己的教阶制,最后,它本身就是最有势力的封建领主,拥有天主教世界的地产的整整三分之一。要想把每个国家的世俗的封建制度成功地各个击败,就必须先摧毁它的这个神圣的中心组织。

此外,随着中等阶级的兴起,科学也大大振兴了;天文学、力学、物理学、解剖学和生理学的研究又活跃起来。资产阶级为了发展工业生产,需要科学来查明自然物体的物理特性,弄清自然力的作用方式。在此以前,科学只是教会的恭顺的婢女,不得超越宗教信仰所规定的界限,因此根本就不是科学。现在,科学反叛教会了;资产阶级没有科学是不行的,所以也不得不参加反叛。

以上只谈到新兴的中等阶级必然要同现存的教会发生冲突的

---

① 在德译文中,从这里开始,直至以"新的起点是……的妥协"一句起首的那一段(见本书第25页),恩格斯将英文用语"middle class"("中等阶级")、"bourgeoisie"("资产阶级")都译为"Bürgerthum";后面,恩格斯又把这些用语译为"Bourgeoisie",这两个德文用语都指的是资产阶级。——编者注

两点原因,但足以证明:第一,在反对罗马教会权利的斗争中,最有直接利害关系的阶级是资产阶级;第二,当时反对封建制度的历次斗争,都要披上宗教的外衣,把矛头首先指向教会。可是,如果说率先振臂一呼的是一些大学和城市商人,那么热烈响应的必然是而且确实是广大的乡村居民即农民,他们为了活命不得不到处同他们的精神的和尘世的封建主搏斗。

资产阶级反对封建制度的长期斗争,在三次大决战中达到了顶点。

第一次是德国的所谓宗教改革。路德提出的反对教会的战斗号召,唤起了两次政治性的起义:首先是弗兰茨·冯·济金根领导的下层贵族的起义(1523 年),然后是 1525 年伟大的农民战争。[39]这两次起义都失败了,主要是由于最有利害关系的集团即城市市民不坚决,——至于不坚决的原因,我们就不详述了。从那时起,斗争就蜕化为各地诸侯和中央政权之间的战斗,结果,德国在 200 年中被排除于欧洲在政治上起积极作用的民族之列。路德的宗教改革确实创立了一种新的信条,一种适合专制君主制需要的宗教。德国东北部的农民刚刚改信路德教派,就从自由人降为农奴了。

但是,在路德失败的地方,加尔文却获得了胜利。加尔文的信条正适合当时资产阶级中最果敢大胆的分子的要求。[40]他的宿命论的学说,从宗教的角度反映了这样一件事实:在竞争的商业世界,成功或失败并不取决于一个人的活动或才智,而取决于他不能控制的各种情况。决定成败的并不是一个人的意志或行动,而是全凭未知的至高的经济力量的恩赐;在经济变革时期尤其是如此,因为这时旧的商路和中心全被新的所代替,印度和美洲已被打开大门,甚至最神圣的经济信条即金银的价值也开始动摇和崩溃了。

加尔文的教会体制是完全民主的、共和的;既然上帝的王国已经共和化了,人间的王国难道还能仍然听命于君王、主教和领主吗? 当德国的路德教派已变成诸侯手中的驯服工具时,加尔文教派却在荷兰创立了一个共和国,并且在英国,特别是在苏格兰,创立了一些活跃的共和主义政党。

资产阶级的第二次大起义,在加尔文教派中给自己找到了现成的战斗理论。这次起义是在英国发生的。发动者是城市中等阶级,完成者是农村地区的自耕农。很奇怪的是:在资产阶级的这三次大起义中,农民提供了战斗大军,而农民恰恰成为在胜利后由于胜利带来的经济后果而必然破产的阶级。克伦威尔之后 100 年,英国的自耕农几乎绝迹了。如果没有这些自耕农和城市**平民**,资产阶级决不会单独把斗争进行到底,决不会把查理一世送上断头台。哪怕只是为了获得那些当时已经成熟而只待采摘的资产阶级的胜利之果,也必须使革命远远超越这一目的,就像法国在 1793 年和德国在 1848 年那样。显然,这就是资产阶级社会发展的规律之一。

在这种极端的革命活动之后,接踵而至的是不可避免的反动,这个反动也同样超出它可能继续存在下去的限度①。经过多次动荡以后,新的重心终于确立了,并且成了今后发展的新起点。英国历史上被体面人物②称为"大叛乱"的这段辉煌时期,以及随后的斗争,以自由党历史学家誉为"光荣革命"**41**的较为不足道的事件而告结束。

---

① 在德译文中不是"超出它可能继续存在下去的限度",而是"超出自己的目的"。——编者注

② 在德译文中,不是"体面人物",而是"庸人"。——编者注

　　新的起点是新兴的中等阶级①和以前的封建地主之间的妥协。后者在当时和现在均被称为贵族,其实早已开始向法国的路易-菲力浦在很久之后才变成的"王国第一流资产者"转变了。对英国幸运的是,旧的封建诸侯已经在蔷薇战争**42**中自相残杀殆尽。他们的继承人虽然大部分是这些旧家族的后裔,但是离开嫡系已经很远,甚至形成了一个崭新的集团,他们的习惯和旨趣,与其说是封建的,不如说是资产阶级的。他们完全懂得金钱的价值,为了立即增加地租,竟把成百的小佃户赶走,而代之以绵羊。亨利八世贱卖教会的土地,造成一大批新的资产阶级地主;在整个 17 世纪不断发生的没收大采邑分赠给暴发户或半暴发户的过程,也造成了同样的结果。因此,从亨利七世以来,英国的"贵族"不但不反对发展工业生产,反而力图间接地从中获益;经常有这样一部分大地主,他们由于经济的或政治的原因,愿意同金融资产阶级和工业资产阶级的首脑人物合作。这样,1689 年的妥协很容易就达成了。"俸禄和官职"这些政治上的战利品留给了大地主家庭,只不过要充分照顾金融的、工业的和商业的中等阶级的经济利益。这些经济利益,当时已经很强大,足以决定国家的一般政策。当然,在细节问题上也会有争执,但是总的说来,贵族寡头非常清楚,他们本身的经济繁荣同工商业中等阶级的经济繁荣是密不可分的。

　　从这时起,资产阶级就成了英国统治阶级中的卑微的但却是公认的组成部分了。在压迫国内广大劳动群众方面,它同统治阶

---

① 在德译文中这里以及后面几处,恩格斯将英文用语"middle class"("中等阶级")和"bourgeoisie"("资产阶级"),都译为"Bourgeoisie"("资产阶级")。——编者注

级的其他部分有共同的利益。商人或工厂主,对自己的伙计、工人
和仆役来说,是站在主人的地位,或者像不久前人们所说的那样,
站在"天然尊长"的地位。他的利益是要从他们身上尽可能取得
尽量多和尽量好的劳动;为此目的,就必须把他们训练得驯服顺
从。他本身是信仰宗教的,他曾打着宗教的旗帜战胜了国王和贵
族;不久他又发现可以用这同样的宗教来操纵他的天然下属的灵
魂,使他们服从由上帝安置在他们头上的那些主人的命令。简言
之,英国资产阶级这时也参与镇压"下层等级",镇压全国广大的
生产者大众了,为此所用的手段之一就是宗教的影响。

还有另一种情况也助长了资产阶级的宗教倾向。这就是唯物
主义在英国的兴起。这个新的①学说,不仅震撼了中等阶级的宗教
情感,还自称是一种只适合于世上有学问的和有教养的人们的哲
学,完全不同于适合于缺乏教养的群众以及资产阶级的宗教。它随
同霍布斯起而维护至高无上的王权,呼吁专制君主制镇压那个强壮
而心怀恶意的小伙子**43**,即人民。同样地,在霍布斯的后继者博林
布罗克、舍夫茨别利等人那里,唯物主义的新的自然神论形式,仍然
是一种贵族的秘传的学说,因此,唯物主义遭受中等阶级仇视,既是
由于它是宗教的异端,也是由于它具有反资产阶级的政治联系。所
以,同贵族的唯物主义和自然神论**34**相反,过去曾经为反对斯图亚
特王朝的斗争提供旗帜和战士的新教教派,继续提供了进步的中
等阶级的主要战斗力量,并且至今还是"伟大的自由党"的骨干。

这时,唯物主义从英国传到法国,它在那里与另一个唯物主义
哲学学派,即笛卡儿派**44**的一个支派相遇,并与之汇合。在法国,

---

① 在德译文中,在"新的"的后面加有"无神论的"。——编者注

唯物主义最初也完全是贵族的学说。但是不久,它的革命性就显露出来。法国的唯物主义者并不是只批判宗教信仰问题;他们批判了当时的每一个科学传统或政治体制;为了证明他们的学说可以普遍应用,他们选择了最简便的方法:在他们由以得名的巨著《百科全书》中,他们大胆地把这一学说应用于所有的知识对象。这样,唯物主义就以其两种形式中的这种或那种形式——公开的唯物主义或自然神论,成为法国一切有教养的青年信奉的教义。它的影响很大,在大革命爆发时,这个由英国保皇党孕育的学说,竟给予法国共和党人和恐怖主义者一面理论旗帜,并且为《人权宣言》[45]提供了底本。

法国大革命是资产阶级的第三次起义,然而这是完全抛开宗教外衣、在毫不掩饰的政治战线上作战的首次起义;这也是真正把斗争进行到底,直到交战的一方即贵族被彻底消灭而另一方即资产阶级完全胜利的首次起义。在英国,革命以前的制度和革命以后的制度因袭相承,地主和资本家互相妥协,这表现在诉讼上仍然按前例行事,还虔诚地保留着一些封建的法律形式。在法国,革命同过去的传统完全决裂,扫清了封建制度的最后遗迹,并且在民法典[46]中把古代罗马法——它几乎完满地反映了马克思称之为商品生产的那个经济发展阶段的法律关系——巧妙地运用于现代的资本主义条件;这种运用实在巧妙,甚至法国的这部革命的法典直到现在还是所有其他国家,包括英国在内,在改革财产法时所依据的范本。可是我们不要忘记,英吉利法一直是用野蛮的封建的语言来表达资本主义社会的经济关系,——这种语言适应它所表达的事物的情况,正像英语的拼法适应英语读音的情况一模一样(一个法国人说过:你们写的是伦敦,读出来却是君士坦丁堡)——但是,只有英吉利法把古代日耳曼自由的精华,即个人自由、地方自治以及不受任何干涉(除了法庭干涉)的独立性的精华,保存了好几个世纪,并把它们移植到美洲和各殖民地。这些东西在大陆上专制君主制时期已经消失,至今在任何地方都未能完全恢复。

还是再来谈我们的英国资产者吧。法国革命给他们一个极好的机会,能够借助大陆上的君主国家来破坏法国的海上贸易,兼并法国的殖民地,并且完全摧毁法国争霸海上的野心。这是他们要打击法国革命的原因之一。另一个原因是,这次革命的方法很不合他们的胃口。不仅是由于它采用了"可恶的"恐怖政策,而且还由于它想彻底实现资产阶级的统治。英国资产者怎么能没有本国的贵族呢? 因为是贵族教他们像贵族那样待人接物,替他们开创新风气,为他们提供陆军军官以维持国内秩序,提供海军军官以夺取殖民地和新的海外市场。当然,资产阶级中也有少数进步的人,他们并没有因妥协而得到多大利益;这一部分人主要是不太富裕的中等阶级,他们同情这次革命,[47]但是在议会中没有势力。

可见,唯物主义既然成为法国革命的信条,敬畏上帝的英国资产者就更要紧紧地抓住宗教了。难道巴黎的恐怖时代[48]没有证明,群众一旦失去宗教本能会有什么样的结局? 唯物主义越是从法国传播到邻近国家,越是得到各种类似的理论思潮,特别是德国哲学的支持,唯物主义和自由思想越是在大陆上普遍地真正成为一个有教养的人所必须具备的条件,英国的中等阶级就越是要顽固地坚守各种各样的宗教信条。这些信条可以各不相同,但全都是地道的宗教信条,基督教信条。

当革命在法国保证资产阶级赢得政治胜利的时候,在英国,瓦特、阿克莱、卡特赖特等人,发动了一场工业革命,把经济力量的重心完全转移了。资产阶级的财富,比土地贵族的财富增长得更快。在资产阶级内部,金融贵族、银行家等等,越来越被工厂主推向后台。1689 年的妥协,甚至在迎合资产阶级的利益逐步作了调整以后,也不再适合这次妥协的参与者们的力量对比了。这些参与者的性质也有所改变;1830 年的资产阶级,与前一个世纪的资产阶级大不相同。政治权力仍然留在贵族的手中,并被他们用来抵制新工业资产阶级的野心,这种权力已经同新的经济利益不能相容了。必须同贵族进行一次新的斗争;斗争的结局只能是新的经济力量的胜利。首先,在 1830 年的法国革命的刺激下,不顾一切抵抗,通过了改革法案[49],使资产阶级在议会中获得了公认的和强大的地位。随后,谷物法废除[50]了,这又永远确立了资产阶级,特别是资产阶级中最活跃的部分即工厂主对土地贵族的优势。这是资产阶级的最大的胜利,然而,也是资产阶级仅仅为自己的利益获得的最后一次胜利。以后它取得任何一次胜利,都不得不同一个新的社会力量分享,这个新的社会力量起初是它的同盟者,不久就成了它的对手。

工业革命创造了一个大工业资本家的阶级,但是也创造了一个人数远远超过前者的产业工人的阶级。随着工业革命逐步波及各个工业部门,这个阶级在人数上不断增加;随着人数的增加,它的力量也增强了。这股力量早在 1824 年就已显露出来,当时它迫使议会勉强地废除了禁止工人结社的法律。[51]在改革运动中,工人是改革派的激进的一翼;当 1832 年的法案剥夺工人的选举权的时候,他们就把自己的要求写进人民宪章[52],并组成一个独立的政党,即宪章派,以对抗强大的资产阶级反谷物法同盟[53]。这是近代第一个工人政党。

后来,大陆上发生了 1848 年 2 月和 3 月的革命,工人在革命中起了很重要的作用,而且,至少在巴黎,提出了一些从资本主义社会的观点看来决不能允许的要求。接着而来的是普遍的反动。最初是1848年4月10日宪章派的失败;其次是同年6月巴黎工人起义被镇压;再其次是1849年意大利、匈牙利和德国南部的不幸事件;最后是1851年12月2日路易·波拿巴战胜巴黎。这样,工人阶级的声势逼人的要求,至少在短时期内被压下去了,可是付出了多少代价啊!英国资产者以前就认为必须使普通人民保持宗教情绪,在经历了这一切之后,他们对这种必要性的感觉会变得多么强烈啊!他们毫不理会大陆上的伙伴们的讥笑,年复一年地继续花费成千上万的金钱去向下层等级宣传福音;他们不满足于本国的宗教机关,还求助于当时宗教买卖的最大组织者"乔纳森大哥"[54],从美国输入了奋兴派[55],引来了穆迪和桑基之流;最后,他们接受了"救世军"的危险的帮助——"救世军"恢复了原始基督教的布道方式,把穷人看做是上帝的选民,用宗教手段反对资本主义,从而助长了原始基督教的阶级对抗因素,这总有一天会给目前为此投掷金钱的富翁带来麻烦。

这似乎是历史发展的规律:资产阶级在欧洲任何一个国家都不能像中世纪的封建贵族那样独掌政权,至少不能长期独掌政权。即使在封建制度已经完全消灭的法国,资产阶级作为一个整体完全掌握政权也只有很短的时期。在路易-菲力浦统治时期,即1830—1848年,只有一小部分资产阶级统治那个王国,大部分资产阶级则因高标准的选举资格限制而被剥夺了选举权。在第二共和国时代,即1848—1851年,整个资产阶级统治国家,但为时不过三年;资产阶级的无能使第二帝国[56]得以产生。只有现在,在第三共和国时代,资产阶级作为一个整体才执掌政权20年以上;可是已经显露鲜明的衰落征兆了。资产阶级的长期统治,只有在像美国那样从来没有经过封建制度、社会一开始就建立在资产阶级基础之上的国家中,才是可能的。但是就连在法国和美国,资产阶级的继承者,即工人,也已经在敲门了。

在英国,资产阶级从未独掌全权。甚至 1832 年的胜利,也还是让土地贵族几乎独占了政府的所有要职。富裕的中等阶级何以如此恭顺,在自由党的大工厂主威·爱·福斯特先生发表那篇公开演说以前,我一直不能理解。福斯特先生在演说中敦劝布拉德福德的年轻人为自己的前程学习法语,他以他本人的经历说明,他作为一个内阁大臣出入于说法语至少和说英语同样必要的社交场合时,曾感到多么羞怯! 的确,当时的英国中等阶级通常都是完全没有受过教育的暴发户,不得不把政府的高级职位让给贵族,因为那里所需要的,并不是那种夹杂着精明生意经的岛国狭隘性和岛国自大狂,而是其他一些本领。① 甚至目前报纸上关于中等阶级

---

① 恩格斯在这里加了一个注:"民族沙文主义的狂妄自大,即使在商业上,也是会坏事的。直到最近,普通的英国工厂主还以为,英国人不说本国话而说外国话,是有失尊严的,当他们看到外国的'可怜虫'迁居英国,使他们免去向国外推销产品的麻烦时,还引以自傲。他们根本没有觉察,这些外国人,大部分是德国人,因此而控制了英国很大一部分对外贸易,进口和出口都受到控制,英国人的直接对外贸易几乎只局限于殖民地、中国、美国和南美洲了。他们也没有觉察,这些德国人同在外国的其他德国人进行贸易,后者逐渐组织了一个遍及世界各地的完整的商业殖民地网。大约 40 年前,当德国认真地开始生产出口商品时,这个商业殖民地网就给德国帮了很大的忙,使它在很短的时期内从一个输出粮食的国家变成一个头等的工业国。后来,大约 10 年前,英国的工厂主才大吃一惊,便询问英国的大使们和领事们:为什么他们再也不能维系自己的顾客。一致的答复是:(1)你们不学你们的顾客的语言,却要求他们说你们的语言;(2)你们不但不设法适应你们的顾客的需要、习惯和爱好,反而要他们迁就你们英国式的那一套。"——编者注

教育的无休止的争论,也表明英国中等阶级仍然认为自己不配受最好的教育,而为自己寻找某种比较谦卑的东西。所以,似乎很自然,甚至在谷物法废除以后,那些已经胜券在握的人,那些科布顿、那些布莱特、那些福斯特等等,还不能正式参与统治国家,直到20年之后,新的改革法案[57]才为他们敞开了内阁的大门。英国的资产阶级迄今还痛切地自惭社会地位的低微,甚至自己掏腰包或用人民的金钱豢养一个装饰门面的有闲等级,好在一切庄严的场合去体面地代表民族;当资产阶级中间一旦有人被准许进入这个归根到底是他们自己造成的高等特权集团时,便引以为无上光荣。

这样,工商业的中等阶级还没有来得及把土地贵族全部逐出政权,另一个竞争者,工人阶级,已经登上舞台了。宪章运动[58]和大陆革命以后的反动,以及1848—1866年英国贸易的空前繁荣(通常这只是被归功于自由贸易,其实更多地应归功于铁路、远洋轮船以及全部交通工具的巨大发展),又使工人阶级依附自由党了,他们在这个党内,也像在宪章运动以前那样,组成了激进的一翼。可是,工人们对选举权的要求逐渐不可遏止;在辉格党人即自由党[59]的首领们"畏缩不前"的时候,迪斯累里却显示了自己的高明,他促使托利党[60]人抓紧有利时机,在城镇选区中实施了户主的选举权①,并且重新划分选区。随后实行了秘密投票;1884年又把户主的选举权推广到各郡,再次划分了选区,使各选区在某种程度上趋于平衡。[61]这一切措施显然增加了工人阶级在选举中的力量,现在,至少在150—200个选区中,工人阶级已经占选民的大多

---

① 在德译文中,在"户主的选举权"的后面加了一个括号,内中的文字是"它适用于每一个租有单独住房的人"。——编者注

数。但是议会制度是训练人们尊重传统的最好的学校;如果说,中等阶级曾经怀着敬畏的心情仰望约翰·曼纳斯勋爵所戏称的"我们的老贵族",那么,工人群众则以尊重和恭敬的态度对待当时所谓的"优秀人物"即中等阶级。的确,大约在 15 年前,英国的工人是模范工人,他们对雇主谦恭有礼,在要求自己的权利时温顺克己,这使我们德国的讲坛社会主义[62]学派的经济学家们感到安慰,他们正苦于本国的工人不可救药地倾向于共产主义和革命。

但是英国的中等阶级——毕竟是很好的生意人——比德国的教授们看得更远。他们只是迫不得已才同工人阶级分享政权。在宪章运动的年代,他们对那个强壮而心怀恶意的小伙子即人民会有什么作为已经有所领教了。从那时以来,他们被迫把人民宪章的大部分要求纳入联合王国的法律。现在比以往任何时候都更需要用精神手段去控制人民,影响群众的首要的精神手段依然是宗教。于是,在学校董事会中牧师就占了优势;于是,资产阶级不断自我增税,以维持各种奋兴派,从崇礼派[63]直到"救世军"[38]。

现在,英国的体面人物终于战胜了大陆资产者的自由思想和对宗教的冷淡态度。法国和德国的工人已经变成了叛乱者。他们全都感染了社会主义,而且,他们在选择夺取统治权的手段时,有极充分的理由毫不考虑是否合法。这个强壮的小伙子一天比一天更加心怀恶意。法国和德国的资产阶级只好采取最后的办法,不声不响地抛弃了他们的自由思想,就像一个少年公子感到晕船时,把他为了在甲板上装腔作势而叼在嘴里的雪茄烟悄悄地吐掉一样;嘲笑宗教的人,一个一个地在外表上变成了笃信宗教的人,他们毕恭毕敬地谈论教会、它的教义和仪式,甚至在必要时,自己也举行这种仪式了。法国资产者每逢星期五吃素,德国资产者每逢星期日就呆坐在教堂的椅子上,聆听新教的冗长布道。他们已经因唯物主义而遭殃。"Die Religion muss dem Volk erhalten werden"——"必须为人民保存宗教",这是使社会不致完全毁灭的唯一的和最后的拯救手段。对他们自己来说,不幸的是:等到他们发现这一点时,他们已经用尽一切力量把宗教永远破坏了。现在轮到英国资产者来嘲笑他们了:"蠢材!这个我早在 200 年前就可以告诉你们了!"

然而,无论英国资产者的宗教执迷,还是大陆资产者的事后皈依宗教,恐怕都阻挡不了日益高涨的无产阶级的潮流。传统是一种巨大的阻力,是历史的惯性力,但是它是消极的,所以一定要被摧毁;因此,宗教也不能永保资本主义社会的平安。如果说我们的法律的、哲学的和宗教的观念,都是一定社会内占统治地位的经济关系的近枝或远蔓,那么,这些观念终究不能抵抗因这种经济关系的完全改变所产生的影响。除非我们相信超自然的奇迹,否则,我们就必须承认,任何宗教教义都难以支撑一个摇摇欲坠的社会。

事实上,在英国,工人也重新开始活动了。无疑地,他们还拘泥于各种传统。首先是资产者的传统,例如,有一种很普遍的看法,以为只能有两个政党——保守党和自由党,而工人阶级必须依靠并通过伟大的自由党来谋取自身的解放。还有工人的传统,从工人最初尝试独立行动时所因袭下来的传统,例如,凡是没有经过正规学徒训练的工人都被许多旧工联关在门外;每一个采取这种做法的工会这样一来就等于为自己培养工贼。但是尽管如此,英国的工人阶级还是在前进,甚至布伦坦诺教授也不能不惋惜地把这一点告诉他的讲坛社会主义者同仁。[64]工人阶级在前进,如同英国的种种事情一样,迈出的是缓慢而适度的步伐,有时踌躇不定,有时作一些没有多大效果的尝试,在前进中有时过分小心地猜疑"社会主义"这个词,却又逐渐吸收社会主义的实质;运动在扩展着,吸引了一批又一批的工人。现在它已经唤醒了伦敦东头的那些没有技术的工人,我们看到,这些新的力量反过来又给工人阶级以多么有力的推动。如果运动的步伐赶不上某些人的急躁要求,那么就请他们不要忘记:正是工人阶级保存着英国民族性格的最优秀的品质,在英国所取得的每一个进步,以后照例是永不会化为乌有的。如果说老宪章派的儿子们由于上述原因还做得不够,那么,孙子们则可望不辱没他们的祖父。

但是,欧洲工人阶级的胜利不是仅仅取决于英国。至少需要英法德三国的共同努力,才能保证胜利。在法国和德国,工人运动远远地超过了英国。在德国,工人运动的胜利甚至指日可待了。那里运动的进展在最近 25 年是空前的。它正以日益加快的速度前进着。如果德国的中等阶级已经表明自己非常缺乏政治才能、纪律、勇气、活力和毅力,那么,德国工人阶级则充分证明了自己具备这些品质。400 年前,德国曾是欧洲中等阶级第一次起义的出发点;依目前的形势来判断,德国难道不可能又成为欧洲无产阶级夺取第一次伟大胜利的舞台吗?

弗·恩格斯

1892 年 4 月 20 日

弗·恩格斯写于 1892 年 4 月 4—20 日

载于 1892 年在伦敦出版的《空想社会主义和科学社会主义》一书

原文是英文

选自《马克思恩格斯选集》第 3 版第 3 卷第 750—774 页

社会主义从空想
到科学的发展

一

现代社会主义,就其内容来说,首先是对现代社会中普遍存在的有财产者和无财产者之间、资本家和雇佣工人之间的阶级对立以及生产中普遍存在的无政府状态这两个方面进行考察的结果。但是,就其理论形式来说,它起初表现为18世纪法国伟大的启蒙学者们所提出的各种原则的进一步的、据称是更彻底的发展。同任何新的学说一样,它必须首先从已有的思想材料出发,虽然它的根子深深扎在物质的经济的事实中。

在法国为行将到来的革命启发过人们头脑的那些伟大人物,本身都是非常革命的。他们不承认任何外界的权威,不管这种权威是什么样的。宗教、自然观、社会、国家制度,一切都受到了最无情的批判;一切都必须在理性的法庭面前为自己的存在作辩护或者放弃存在的权利。思维着的知性成了衡量一切的唯一尺度。那时,如黑格尔所说的,是世界用头立地的时代。① 最初,这句话的意思是:人的头脑以及通过头脑的思维发现的原理,要求成为人类的一切活动和社会结合的基础;后来这句话又有了更广泛的含义:同这些原理相矛盾的现实,实际上都被上下颠倒了。以往的一切社会形式和国家形式、一切传统观念,都被当做不合理性的东西扔到垃圾堆里去了;到现在为止,世界所遵循的只是一些成见;过去的一切只值得怜悯和鄙视。只是现在阳光才照射出来,理性的王国才开始出现。从今以后,迷信、非正义、特权和压迫,必将为永恒的真理、永恒的正义、基于自然的平等和不可剥夺的人权所取代。

现在我们知道,这个理性的王国不过是资产阶级的理想化的王国;永恒的正义在资产阶级的司法中得到实现;平等归结为法律面前的资产阶级的平等;被宣布为最主要的人权之一的是资产阶级的所有权;而理性的国家、卢梭的社会契约[65]在实践中表现为,而且也只能表现为资产阶级的民主共和国。18 世纪伟大的思想家们,也同他们的一切先驱者一样,没有能够超出他们自己的时代

---

① 恩格斯在这里加了一个注:"关于法国革命,黑格尔有如下一段话:'正义思想、正义概念**一下子**就得到了承认,非正义的旧支柱不能对它作任何抵抗。因此,在正义思想的基础上现在创立了宪法,今后一切都必须以此为根据。自从太阳照耀在天空而行星围绕着太阳旋转的时候起,还从来没有看到人用头立地,即用思想立地并按照思想去构造现实。阿那克萨哥拉第一个说,Nûs 即理性支配着世界;可是,直到现在人们才认识到,思想应当支配精神的现实。因此,这是一次**壮丽的日出。一切能思维的生物都欢庆这个时代的来临**。这时到处笼罩着一种**高尚的热情,全世界都浸透了一种精神的热忱**,仿佛正是现在达到了神意和人世的和解。'(黑格尔《历史哲学》1840 年版第 535 页)难道现在不正是应当用反社会党人法[22]去反对已故的黑格尔教授的这种危害社会秩序的颠覆学说吗?"——编者注

使他们受到的限制。

但是,除了封建贵族和作为社会所有其余部分的代表出现的①资产阶级之间的对立,还存在着剥削者和被剥削者、游手好闲的富人和从事劳动的穷人之间的普遍的对立。正是由于这种情形,资产阶级的代表才能标榜自己不是某一特殊的阶级的代表,而是整个受苦人类的代表。不仅如此,资产阶级从它产生的时候起就背负着自己的对立物:资本家没有雇佣工人就不能存在,随着中世纪的行会师傅发展成为现代的资产者,行会帮工和行会外的短工便相应地发展成为无产者。虽然总的说来,资产阶级**在同贵族斗争时**②有理由认为自己同时代表当时的各个劳动阶级的利益,但是在每一个大的资产阶级运动中,都爆发过作为现代无产阶级的发展程度不同的先驱者的那个阶级的独立运动。例如,德国宗教改革和农民战争时期的再洗礼派**66**和托马斯·闵采尔③,英国大革命时期的平等派**67**,法国大革命时期的巴贝夫。伴随着一个还没有成熟的阶级的这些革命暴动,产生了相应的理论表现;在16世纪和17世纪有理想社会制度的空想的描写**68**,而在18世纪已经有了直接共产主义的理论(摩莱里和马布利)。平等的要求已经不再限于政治权利方面,它也应当扩大到个人的社会地位方面;不仅应当消灭阶级特权,而且应当消灭阶级差别本身。禁欲主义的、禁绝一切生活享受的、斯巴达式的共产主义,是这种新学说

---

① 在 1883 年德文第一版中没有"作为社会所有其余部分的代表出现的"这个短语。——编者注
② 在 1883 年德文第一版中,这几个字不是黑体。——编者注
③ 在 1883 年德文第一版中"再洗礼派和托马斯·闵采尔"是"托马斯·闵采尔派"。——编者注

的第一个表现形式。后来出现了三个伟大的空想主义者:圣西门、傅立叶和欧文。在圣西门那里,除无产阶级的倾向外,资产阶级的倾向还有一定的影响。欧文在资本主义生产最发达的国家里,在这种生产所造成的种种对立的影响下,直接从法国唯物主义出发,系统地阐述了他的消除阶级差别的方案。

所有这三个人有一个共同点:他们都不是作为当时已经历史地产生的无产阶级的利益的代表出现的。他们和启蒙学者一样,并不是想首先解放某一个阶级,而是想立即解放全人类。他们和启蒙学者一样,想建立理性和永恒正义的王国;但是他们的王国和启蒙学者的王国是有天壤之别的。按照这些启蒙学者的原则建立起来的资产阶级世界也是不合理性的和非正义的,所以也应该像封建制度和一切更早的社会制度一样被抛到垃圾堆里去。真正的理性和正义至今还没有统治世界,这只是因为它们没有被人们正确地认识。所缺少的只是个别的天才人物,现在这种人物已经出现而且已经认识了真理;至于天才人物正是在现在出现,真理正是在现在被认识到,这并不是从历史发展的联系中必然产生的、不可避免的事情,而纯粹是一种侥幸的偶然现象。这种天才人物在500年前也同样可能诞生,这样他就能使人类免去500年的迷误、斗争和痛苦。

我们已经看到,为革命做了准备的18世纪的法国哲学家们,如何求助于理性,把理性当做一切现存事物的唯一的裁判者。他们认为,应当建立理性的国家、理性的社会,应当无情地铲除一切同永恒理性相矛盾的东西。我们也已经看到,这个永恒的理性实际上不过是恰好那时正在发展成为资产者的中等市民的理想化的知性而已。因此,当法国革命把这个理性的社会和这个理性的国家实现了的时候,新制度就表明,不论它较之旧制度如何合理,却决不是绝对合乎理性的。理性的国家完全破产了。卢梭的社会契约在恐怖时代[48]获得了实现,对自己的政治能力丧失了信心的资产阶级,为了摆脱恐怖时代,起初求助于腐败的督政府[69],最后则托庇于拿破仑的专制统治。早先许诺的永久和平变成了一场无休止的掠夺战争。理性的社会的遭遇也并不更好一些。富有和贫穷的对立并没有化为普遍的幸福,反而由于调和这种对立的行会特权和其他特权的废除,由于缓和这种对立的教会慈善设施的取消而更加尖锐化了;现在已经实现的摆脱封建桎梏的"财产自由",对小资产者和小农说来,就是把他们的被大资本和大地产的强大竞争所压垮的小财产出卖给这些大财主的自由,于是这种"自由"对小资产者和小农说来就变成了**失去**财产的自由①;工业在资本主义基础上的迅速发展,使劳动群众的贫穷和困苦成了社会的生存条件。现金交易,如卡莱尔所说的,日益成为社会的唯一纽带。犯罪现象一年比一年增多。如果说以前在光天化日之下肆无忌惮地干出来的封建罪恶虽然没有消灭,但终究已经暂时被迫收敛了,那么,以前只是暗中偷着干的资产阶级罪恶却更加猖獗了。商业日益变成欺诈。革命的箴言"博爱"②化为竞争中的蓄意刁难和忌妒。贿赂代替了暴力压迫,金钱代替刀剑成了社会权力的第一杠杆。初夜权从封建领主手中转到了资产阶级工厂主的手中。卖淫增加到了前所未闻的程度。婚姻本身和以前一样仍然是法律承认

---

① 在 1883 年德文第一版中没有"现在已经实现的……失去财产的自由"这段话。——编者注
② 指 18 世纪末法国资产阶级革命的口号"自由、平等、博爱"。——编者注

的卖淫的形式,是卖淫的官方的外衣,并且还以大量的通奸作为补充。总之,同启蒙学者的华美诺言比起来,由"理性的胜利"建立起来的社会制度和政治制度竟是一幅令人极度失望的讽刺画。那时只是还缺少指明这种失望的人,而这种人随着新世纪的到来就出现了。1802 年出版了圣西门的《日内瓦书信》①;1808 年出版了傅立叶的第一部著作②,虽然他的理论基础在 1799 年就已经奠定了;1800 年 1 月 1 日,罗伯特·欧文担负了新拉纳克[70]的管理工作。

但是,在这个时候,资本主义生产方式以及随之而来的资产阶级和无产阶级之间的对立还没有得到充分发展。在英国刚刚兴起的大工业,在法国还不为人所知。但是,一方面,只有大工业才能发展那些使生产方式的变革,使生产方式的资本主义性质的消除成为绝对必要的冲突——不仅是大工业所产生的各个阶级之间的冲突,而且是它所产生的生产力和交换形式本身之间的冲突;另一方面,大工业又正是通过这些巨大的生产力来发展解决这些冲突的手段。因此如果说,在 1800 年前后,新的社会制度所产生的冲突还只是开始形成,那么,解决这些冲突的手段就更是这样了。虽然巴黎的无财产的群众在恐怖时代曾有一瞬间夺得了统治权,从而能够甚至**违背**资产阶级的意愿引导资产阶级革命达到胜利,但是他们只是以此证明了,他们的统治在当时的条件下是不可能持久的。在当时刚刚作为新阶级的胚胎从这些无财产的群众中分离出来的无产阶级,还完全无力采取独立的政治行动,它表现为一个

---

① 昂·圣西门《一个日内瓦居民给当代人的信》1803 年巴黎版。——编者注

② 沙·傅立叶《关于四种运动和普遍命运的理论》1808 年莱比锡版。——编者注

无力帮助自己，最多只能从外面、从上面取得帮助的受压迫的受苦的等级。

这种历史情况也决定了社会主义创始人的观点。不成熟的理论，是同不成熟的资本主义生产状况、不成熟的阶级状况相适应的。解决社会问题的办法还隐藏在不发达的经济关系中，所以只能从头脑中产生出来。社会所表现出来的只是弊病，消除这些弊病是思维着的理性的任务。于是，就需要发明一套新的更完善的社会制度，并且通过宣传，可能时通过典型示范，从外面强加于社会。这种新的社会制度是一开始就注定要成为空想的，它越是制定得详尽周密，就越是要陷入纯粹的幻想。

这一点已经弄清，我们不再花费时间去谈论现在已经完全属于过去的这一方面了。让著作界的小贩们去一本正经地挑剔这些现在只能使人发笑的幻想吧！让他们去宣扬自己的清醒的思维方式优越于这种"疯狂的念头"吧！使我们感到高兴的，倒是处处突破幻想的外壳而显露出来的天才的思想萌芽和天才的思想，而这些却是那班庸人所看不见的。

圣西门是法国大革命的产儿，他在革命爆发时还不到 30 岁。这次革命，是第三等级即**从事**生产和贸易的国民大众对以前享有特权的**游手好闲的**等级即贵族和僧侣的胜利。但是，很快就暴露出，第三等级的胜利只是这个等级中的一小部分人的胜利，是第三等级中享有社会特权的阶层即拥有财产的资产阶级夺得政治权力。而且这个资产阶级还在革命过程中就迅速地发展起来了，这是因为它利用没收后**加以拍卖的**贵族和教会的地产进行了投机，同时又借承办军需品欺骗了国家。正是这些骗子的统治在督政府时代使法国和革命濒于覆灭，从而使拿破仑有了举行政变的借口。

因此,在圣西门的头脑中,第三等级和特权等级之间的对立就采取了"劳动者"和"游手好闲者"之间的对立的形式。游手好闲者不仅是指旧时的特权分子,而且也包括一切不参加生产和贸易而靠租息为生的人。而"劳动者"不仅是指雇佣工人,而且也包括厂主、商人和银行家。游手好闲者失去了精神领导和政治统治的能力,这已经是确定无疑的,而且由革命最终证实了。至于无财产者没有这种能力,在圣西门看来,这已由恐怖时代的经验所证明。那么,应当是谁来领导和统治呢?按照圣西门的意见,应当是科学和工业,它们两者由一种新的宗教纽带结合起来,而这种纽带是一种必然神秘的和等级森严的"新基督教",其使命就是恢复从宗教改革时起被破坏了的各种宗教观点的统一。可是,科学就是学者,而工业首先就是积极活动的资产者:厂主、商人、银行家。这些资产者固然应当成为一种公众的官吏、社会的受托人,但是对工人应当保持发号施令的和享有经济特权的地位。特别是银行家应当担负起通过调节信用来调节整个社会生产的使命。这样的见解完全适应法国刚刚产生大工业以及随之产生资产阶级和无产阶级的对立的那个时代。但是,圣西门特别强调的是:他随时随地都首先关心"人数最多和最贫穷的阶级"(la classe la plus nombreuse et la plus pauvre)的命运。①

圣西门在《日内瓦书信》中已经提出这样一个论点:

"人人应当劳动。"

在同一部著作中他已经指出,恐怖统治是无财产的群众的统

---

① 在1883年德文第一版中没有"圣西门是法国大革命的产儿……的命运"这一整段文字。——编者注

治。他向他们高声说道：

"看吧，当你们的伙伴统治法国的时候，那里发生了什么事情？他们造成了饥荒！"①

但是，认识到法国革命是阶级斗争，并且不仅是贵族和资产阶级之间的，而且是贵族、资产阶级**和无财产者**之间的阶级斗争，这在1802年是极为天才的发现。在1816年，圣西门宣布政治是关于生产的科学，并且预言政治将完全溶化在经济中。[71]如果说经济状况是政治制度的基础这样的认识在这里仅仅以萌芽状态表现出来，那么对人的政治统治应当变成对物的管理和对生产过程的领导这种思想，即最近纷纷议论的"废除国家"的思想，已经明白地表达出来了。同样比他的同时代人高明的是：在1814年联军刚刚开进巴黎以后，接着又在1815年百日战争期间，他声明，法国和英国的同盟，其次这两个国家和德国的同盟，是欧洲的繁荣和和平的唯一保障。[72]在1815年向法国人鼓吹去和滑铁卢会战[73]的胜利者建立同盟，这确实既要有勇气又要有历史远见。

如果说我们在圣西门那里发现了天才的远大眼光，由于他有这种眼光，后来的社会主义者的几乎所有并非严格意义上的经济学思想都以萌芽状态包含在他的思想中，那么，我们在傅立叶那里就看到了他对现存社会制度所作的具有真正法国人的风趣的、但并不因此就显得不深刻的批判。傅立叶抓住了资产阶级所说的话，抓住了他们的革命前的狂热预言者和革命后得到利益的奉承者所说的话。他无情地揭露资产阶级世界在物质上和道德上的贫困，他不仅拿这种贫困同以往的启蒙学者关于只应由理性统治的

① 昂·圣西门《一个日内瓦居民给当代人的信》的第二封信。——编者注

社会、关于能给所有的人以幸福的文明、关于人类无限完善化的能力的诱人的诺言作对比,而且也拿这种贫困同当时的资产阶级意识形态家的华丽的词句作对比;他指出,同最响亮的词句相对应的到处都是最可怜的现实,他辛辣地嘲讽这种词句的无可挽救的破产。傅立叶不仅是批评家,他的永远开朗的性格还使他成为一个讽刺家,而且是自古以来最伟大的讽刺家之一。他以巧妙而诙谐的笔调描绘了随着革命的低落而盛行起来的投机欺诈和当时法国商业中普遍的小商贩习气。他更巧妙地批判了两性关系的资产阶级形式和妇女在资产阶级社会中的地位。他第一个表述了这样的思想:在任何社会中,妇女解放的程度是衡量普遍解放的天然尺度。[74] 但是,傅立叶最了不起的地方表现在他对社会历史的看法上。他把社会历史到目前为止的全部历程分为四个发展阶段:蒙昧、野蛮、宗法和文明。最后一个阶段就相当于现在所谓的资产阶级社会,即从 16 世纪发展起来的社会制度,他指出:

"这种文明制度使野蛮时代每一个以简单方式犯下的罪恶,都采取了复杂的、暧昧的、两面的、虚伪的存在形式";

文明时代是在"恶性循环"中运动,是在它不断地重新制造出来而又无法克服的矛盾中运动,因此,它所达到的结果总是同它希望达到或者佯言希望达到的相反。① 所以,比如说,

---

① 参看沙·傅立叶《关于普遍统一的理论》第 1 卷和第 4 卷(《傅立叶全集》1843 年巴黎版第 2 卷第 78—79 页和 1841 年巴黎版第 5 卷第 213—214 页);沙·傅立叶《经济的和协作的新世界,或按情欲分类的引人入胜的和合乎自然的劳动方式的发现》(《傅立叶全集》1845 年巴黎版第 6 卷第 27—46、390 页)。——编者注

"在文明时代,**贫困是由过剩本身产生的**"①。

我们看到,傅立叶是和他的同时代人黑格尔一样熟练地掌握了辩证法的。他反对关于人类无限完善化的能力的空谈,而同样辩证地断言,每个历史阶段都有它的上升时期,但是也有它的下降时期②,而且他还把这种考察方法运用于整个人类的未来。正如康德把地球将来会走向灭亡的思想引入自然科学一样,傅立叶把人类将来会走向灭亡的思想引入历史研究。

当革命的风暴横扫整个法国的时候,英国正在进行一场比较平静,但是并不因此就显得缺乏力量的变革。蒸汽和新的工具机把工场手工业变成了现代的大工业,从而使资产阶级社会的整个基础发生了革命。工场手工业时代的迟缓的发展进程转变成了生产中的真正的狂飙时期。社会越来越迅速地分化为大资本家和一无所有的无产者,现在处于他们二者之间的,已经不是以前的稳定的中间等级,而是不稳定的手工业者和小商人群众,他们过着动荡不定的生活,是人口中最流动的部分。新的生产方式还处在上升时期的最初阶段;它还是正常的、适当的、在当时条件下唯一可能的生产方式。但是就在那时,它已经产生了明显的社会弊病:无家可归的人挤在大城市的贫民窟里;一切传统的血缘关系、宗法从属关系、家庭关系都解体了;劳动时间,特别是女工和童工的劳动时间延长到可怕的程度;突然被抛到全新的环境中的劳动阶级,从乡村转到城市、从农业转到工业、从稳定的生活条件转到天天都在变

---

① 见《傅立叶全集》1845 年巴黎版第 6 卷第 35 页。——编者注
② 参看《傅立叶全集》1841 年巴黎版第 1 卷第 50 页及以下几页。——编者注

化的毫无保障的生活条件的劳动阶级①,大批地堕落了。这时有一个29岁的厂主作为改革家出现了,这个人具有像孩子一样单纯的高尚的性格,同时又是一个少有的天生的领导者。罗伯特·欧文接受了唯物主义启蒙学者的学说:人的性格是先天组织和人在自己的一生中,特别是在发育时期所处的环境这两个方面的产物。社会地位和欧文相同的大多数人都认为,工业革命只是便于浑水摸鱼和大发横财的一片混乱。欧文则认为,工业革命是运用他的心爱的理论并把混乱化为秩序的好机会。当他在曼彻斯特领导一个有500多工人的工厂的时候,就试行了这个理论,并且获得了成效。从1800年到1829年间,他按照同样的精神以股东兼经理的身份管理了苏格兰的新拉纳克大棉纺厂,只是在行动上更加自由,而且获得了使他名闻全欧的成效。新拉纳克的人口逐渐增加到2 500人,这些人的成分原来是极其复杂的,而且多半是极其堕落的分子,可是欧文把这个地方变成了一个完善的模范移民区,在这里,酗酒、警察、刑事法官、诉讼、贫困救济和慈善事业都绝迹了。而他之所以能做到这点,只是由于他使人生活在比较合乎人的尊严的环境中,特别是让成长中的一代受到精心的教育。他发明了并且第一次在这里创办了幼儿园。孩子们满一周岁以后就进幼儿园;他们在那里生活得非常愉快,父母几乎领不回去。欧文的竞争者迫使工人每天劳动13—14小时,而在新拉纳克工人只劳动10小时半。当棉纺织业危机使工厂不得不停工四个月的时候,歇工的工人还继续领取全部工资。虽然如此,这个企业的价值

---

① 在1883年德文第一版中没有"从乡村……的劳动阶级"这句话。——编者注

还是增加了一倍多,而且直到最后一直给企业主们带来丰厚的利润。

欧文对这一切并不感到满足。他给他的工人创造的生活条件,在他看来还远不是合乎人的尊严的,他说,

"这些人都是我的奴隶";

他给他们安排的比较良好的环境,还远不足以使人的性格和智慧得到全面的合理的发展,更不用说允许进行自由的生命活动了。

"可是,这2 500人中从事劳动的那一部分人给社会生产的实际财富,在不到半个世纪前还需要60万人才能生产出来。我问自己:这2 500人所消费的财富和以前60万人本来应当消费的财富之间的差额到哪里去了呢?"

答案是明白的。这个差额是落到企业所有者的手里去了,他们除了领取5%的创业资本利息以外,还得到30万英镑(600万马克)以上的利润。新拉纳克尚且如此,英国其他一切工厂就更不用说了。

"没有这些由机器创造的新财富,就不能进行推翻拿破仑和保持贵族的社会原则的战争。而这种新的力量是劳动阶级创造的。"①

因此,果实也应当属于劳动阶级。在欧文看来,到目前为止仅仅使个别人发财而使群众受奴役的新的强大的生产力,提供了改造社会的基础,它作为大家的共同财产只应当为大家的共同福利服务。

---

① 恩格斯在这里加了一个注:"摘自《头脑和实践中的革命——致全体"欧洲红色共和党人、共产主义者和社会主义者"并呈1848年法国临时政府以及"维多利亚女王和女王的责任顾问"的备忘录》。"——编者注

欧文的共产主义就是通过这种纯粹商业的方式,作为所谓商业计算的果实产生出来的。它始终都保持着这种面向实际的性质。例如,在1823年,欧文提出了通过共产主义移民区消除爱尔兰贫困的办法,并附上了关于筹建费用、年度开支和预计收入的详细计算。①而在他的关于未来的最终计划中,对各种技术上的细节,包括平面图、正面图和鸟瞰图在内,都作了非常内行的规划,以致他的社会改革的方法一旦被采纳,则各种细节的安排甚至从专家的眼光看来也很少有什么可以挑剔的。

转向共产主义是欧文一生中的转折点。当他还只是一个慈善家的时候,他所获得的只是财富、赞扬、尊敬和荣誉。他是欧洲最有名望的人物。不仅社会地位和他相同的人,而且连达官显贵、王公大人们都点头倾听他的讲话。可是,当他提出他的共产主义理论时,情况就完全变了。在他看来,阻碍社会改革的首先有三大障碍:私有制、宗教和现在的婚姻形式。他知道,他向这些障碍进攻,等待他的将是什么:官方社会的普遍排斥,他的整个社会地位的丧失。但是,他并没有却步,他不顾一切地向这些障碍进攻,而他所预料的事情果然发生了。他被逐出了官方社会,报刊对他实行沉默抵制,他由于以全部财产在美洲进行的共产主义试验失败而变得一贫如洗,于是他就直接转向工人阶级,在工人阶级中又进行了30年的活动。当时英国的有利于工人的一切社会运动、一切实际进步,都是和欧文的名字联在一起的。例如,经过他五年的努力,在1819年通过了限制工厂中妇女和儿童劳动的第一个法律。**75**他

① 参看罗·欧文《关于在都柏林举行的几次公众集会的报告。3月18日、4月12—19日和5月3日》1823年都柏林版。——编者注

主持了英国工会的第一次代表大会,在这次大会上,全国各工会联合成一个工会大联盟。**76**同时,作为向完全共产主义的社会制度过渡的措施,一方面他组织了合作社(消费合作社和生产合作社),这些合作社从这时起至少已经在实践上证明,无论商人或厂主都决不是不可缺少的人物;另一方面他组织了劳动市场**77**,即借助以劳动小时为单位的劳动券来交换劳动产品的机构;这种机构必然要遭到失败,但是充分预示了晚得多的蒲鲁东的交换银行**78**,而它和后者不同的是,它并没有被说成是医治一切社会弊病的万灵药方,而只是被描写为激进得多的社会改造的第一步。

空想主义者的见解曾经长期支配着19世纪的社会主义观点,而且现在还部分地支配着这种观点。法国和英国的一切社会主义者不久前都还信奉这种见解①,包括魏特林在内的先前的德国共产主义也是这样。对所有这些人来说,社会主义是绝对真理、理性和正义的表现,只要它被发现了,它就能用自己的力量征服世界;因为绝对真理是不依赖于时间、空间和人类的历史发展的,所以,它在什么时候和什么地方被发现,那纯粹是偶然的事情。同时,绝对真理、理性和正义在每个学派的创始人那里又是各不相同的;而因为在每个学派的创始人那里,绝对真理、理性和正义的独特形式又是由他们的主观知性、他们的生活条件、他们的知识水平和思维训练水平所决定的,所以,解决各种绝对真理的这种冲突的办法就只能是它们互相磨损。由此只能得出一种折中的不伦不类的社会主义,这种社会主义实际上直到今天还统治着法国和英国大多数

---

① 在1883年德文第一版中这句话是:"现在英国的一切社会主义者正热衷于这种观察方式,还在不久前法国的一切社会主义者就曾热衷于这种观察方式。"——编者注

社会主义工人的头脑,它是由各学派创始人的比较温和的批判性言论、经济学原理和关于未来社会的观念组成的色调极为复杂的混合物,这种混合物的各个组成部分,在辩论的激流中越是磨去其锋利的棱角,就像溪流中的卵石一样,这种混合物就越容易构成。为了使社会主义变为科学,就必须首先把它置于现实的基础之上。

二

　　在此期间,同 18 世纪的法国哲学并列和继它之后,近代德国哲学产生了,并且在黑格尔那里完成了。它的最大的功绩,就是恢复了辩证法这一最高的思维形式。古希腊的哲学家都是天生的自发的辩证论者,他们中最博学的人物亚里士多德就已经研究了辩证思维的最主要的形式。而近代哲学虽然也有辩证法的卓越代表(例如笛卡儿和斯宾诺莎),但是特别由于英国的影响却日益陷入所谓形而上学的思维方式;18 世纪的法国人也几乎全都为这种思维方式所支配,至少在他们的专门哲学著作中是如此。可是,在本来意义的哲学之外,他们同样也能够写出辩证法的杰作;我们只要提一下狄德罗的《拉摩的侄子》[79]和卢梭的《论人间不平等的起源》①就够了。——在这里,我们就简略地谈谈这两种思维方法的实质。

　　当我们通过思维来考察自然界或人类历史或我们自己的精神活动的时候,首先呈现在我们眼前的,是一幅由种种联系和相互作用无穷无尽地交织起来的画面,其中没有任何东西是不动的和不

---

① 让·雅·卢梭《论人间不平等的起源和原因》1755 年阿姆斯特丹版。
　　——编者注

变的,而是一切都在运动、变化、生成和消逝。所以,我们首先看到的是总画面,其中各个细节还或多或少地隐藏在背景中,我们注意得更多的是运动、转变和联系,而不是注意**什么东西**在运动、转变和联系。这种原始的、素朴的、但实质上正确的世界观是古希腊哲学的世界观,而且是由赫拉克利特最先明白地表述出来的:一切都存在而又不存在,因为一切都在**流动**,都在不断地变化,不断地生成和消逝。但是,这种观点虽然正确地把握了现象的总画面的一般性质,却不足以说明构成这幅总画面的各个细节;而我们要是不知道这些细节,就看不清总画面。为了认识这些细节,我们不得不把它们从自然的或历史的联系中抽出来,从它们的特性、它们的特殊的原因和结果等等方面来分别加以研究。这首先是自然科学和历史研究的任务;而这些研究部门,由于十分明显的原因,在古典时代的希腊人那里只占有从属的地位,因为他们首先必须为这种研究搜集材料。只有当自然和历史的材料搜集到一定程度以后,才能进行批判的整理和比较,或者说进行纲、目和种的划分。因此,精确的自然研究只是在亚历山大里亚时期[80]的希腊人那里才开始,而后来在中世纪由阿拉伯人继续发展下去;可是,真正的自然科学只是从 15 世纪下半叶才开始,从这时起它就获得了日益迅速的进展。把自然界分解为各个部分,把各种自然过程和自然对象分成一定的门类,对有机体的内部按其多种多样的解剖形态进行研究,这是最近 400 年来在认识自然界方面获得巨大进展的基本条件。但是,这种做法也给我们留下了一种习惯:把各种自然物和自然过程孤立起来,撇开宏大的总的联系去进行考察,因此,就不是从运动的状态,而是从静止的状态去考察;不是把它们看做本质上变化的东西,而是看做固定不变的东西;不是从活的状态,而是从死的状态去考察。这种考察方式被培根和洛克从自然科学中移植到哲学中以后,就造成了最近几个世纪所特有的局限性,即形而上学的思维方式。

在形而上学者看来,事物及其在思想上的反映即概念,是孤立的、应当逐个地和分别地加以考察的、固定的、僵硬的、一成不变的研究对象。他们在绝对不相容的对立中思维;他们的说法是:"是就是,不是就不是;除此以外,都是鬼话。"①在他们看来,一个事物要么存在,要么就不存在;同样,一个事物不能同时是自身又是别的东西。正和负是绝对互相排斥的;原因和结果也同样是处于僵硬的相互对立中。初看起来,这种思维方式对我们来说似乎是极容易理解的,因为它是合乎所谓常识的。然而,常识在日常应用的范围内虽然是极可尊敬的东西,但它一跨入广阔的研究领域,就会碰到极为惊人的变故。形而上学的考察方式,虽然在相当广泛的、各依对象性质而大小不同的领域中是合理的,甚至必要的,可是它每一次迟早都要达到一个界限,一超过这个界限,它就会变成片面的、狭隘的、抽象的,并且陷入无法解决的矛盾,因为它看到一个一个的事物,忘记它们互相间的联系;看到它们的存在,忘记它们的生成和消逝;看到它们的静止,忘记它们的运动;因为它只见树木,不见森林。例如,在日常生活中,我们知道并且可以肯定地说,某一动物存在还是不存在;但是,在进行较精确的研究时,我们就发现,这有时是极其复杂的事情。这一点法学家们知道得很清楚,他们为了判定在子宫内杀死胎儿是否算是谋杀,曾绞尽脑汁去寻找一条合理的界限,结果总是徒劳。同样,要确定死亡的那一时

---

① 参看《新约全书·马太福音》第5章第37节。——编者注

刻也是不可能的,因为生理学证明,死亡并不是突然的、一瞬间的事情,而是一个很长的过程。同样,任何一个有机体,在每一瞬间都既是它本身,又不是它本身;在每一瞬间,它消化着外界供给的物质,并排泄出其他物质;在每一瞬间,它的机体中都有细胞在死亡,也有新的细胞在形成;经过或长或短的一段时间,这个机体的物质便完全更新了,由其他物质的原子代替了,所以,每个有机体永远是它本身,同时又是别的东西。在进行较精确的考察时,我们也发现,某种对立的两极,例如正和负,既是彼此对立的,又是彼此不可分离的,而且不管它们**如何**对立,它们总是互相渗透的;同样,原因和结果这两个概念,只有应用于个别场合时才有其本来的意义;可是,只要我们把这种个别的场合放到它同宇宙的总联系中来考察,这两个概念就交汇起来,融合在普遍相互作用的看法中,而在这种相互作用中,原因和结果经常交换位置;在此时或此地是结果的,在彼时或彼地就成了原因,反之亦然。

所有这些过程和思维方法都是形而上学思维的框子所容纳不下的。相反,对辩证法来说,上述过程正好证明它的方法是正确的,因为辩证法在考察事物及其在观念上的反映时,本质上是从它们的联系、它们的联结、它们的运动、它们的产生和消逝方面去考察的。自然界是检验辩证法的试金石,而且我们必须说,现代自然科学为这种检验提供了极其丰富的、与日俱增的材料,并从而证明了,自然界的一切归根到底是辩证地而不是形而上学地发生的;自然界不是循着一个永远一样的不断重复的圆圈运动,而是经历着实在的历史。这里首先就应当提到达尔文,他极其有力地打击了形而上学的自然观,因为他证明了今天的整个有机界,植物和动物,因而也包括人类在内,都是延续了几百万年的发展过程的产物。可是,由于学会辩证地思维的自然科学家到现在还屈指可数,所以,现在理论自然科学中普遍存在的并使教师和学生、作者和读者同样感到绝望的那种无限混乱的状态,完全可以从已经发现的成果和传统的思维方式之间的这个冲突中得到说明。

因此,要精确地描绘宇宙、宇宙的发展和人类的发展,以及这种发展在人们头脑中的反映,就只有用辩证的方法,只有不断地注意生成和消逝之间、前进的变化和后退的变化之间的普遍相互作用才能做到。近代德国哲学一开始就是以这种精神进行活动的。康德一开始他的学术生涯,就把牛顿的稳定的太阳系和太阳系经过有名的第一推动后的永恒存在变成了历史的过程,即太阳和一切行星由旋转的星云团产生的过程。同时,他已经作出了这样的结论:太阳系的产生也预示着它将来的不可避免的灭亡。过了半个世纪,他的观点由拉普拉斯从数学上作出了证明;又过了半个世纪,分光镜证明了,在宇宙空间存在着凝聚程度不同的炽热的气团。[81]

这种近代德国哲学在黑格尔的体系中完成了。在这个体系中,黑格尔第一次——这是他的伟大功绩——把整个自然的、历史的和精神的世界描写为一个过程,即把它描写为处在不断的运动、变化、转变和发展中,并企图揭示这种运动和发展的内在联系。从这个观点来看,人类的历史已经不再是乱七八糟的、统统应当被这时已经成熟了的哲学理性的法庭所唾弃并最好尽快被人遗忘的毫无意义的暴力行为,而是人类本身的发展过程,而思维的任务现在就是要透过一切迷乱现象探索这一过程的逐步发展的阶段,并且透过一切表面的偶然性揭示这一过程的内在规律性。

黑格尔的体系没有解决向自己提出的这个任务,这在这里没有多大关系。他的划时代的功绩是提出了这个任务。这不是任何个人所能解决的任务。虽然黑格尔和圣西门一样是当时最博学的人物，但是他毕竟受到了限制，首先是他自己的必然有限的知识的限制，其次是他那个时代的在广度和深度方面都同样有限的知识和见解的限制。但是，除此以外还有第三种限制。黑格尔是唯心主义者，就是说，在他看来，他头脑中的思想不是现实的事物和过程的或多或少抽象的反映，相反，在他看来，事物及其发展只是在世界出现以前已经以某种方式存在着的"观念"的现实化的反映。这样，一切都被头足倒置了，世界的现实联系完全被颠倒了。所以，不论黑格尔如何正确地和天才地把握了一些个别的联系，但由于上述原因，就是在细节上也有许多东西不能不是牵强的、造作的、虚构的，一句话，被歪曲的。黑格尔的体系作为体系来说，是一次巨大的流产，但也是这类流产中的最后一次。就是说，它还包含着一个无法解决的内在矛盾：一方面，它以历史的观点作为基本前提，即把人类的历史看做一个发展过程，这个过程按其本性来说在认识上是不能由于所谓绝对真理的发现而结束的；但是另一方面，它又硬说它自己就是这种绝对真理的化身。关于自然和历史的无所不包的、最终完成的认识体系，是同辩证思维的基本规律相矛盾的；但是，这样说决不排除，相反倒包含下面一点，即对整个外部世界的有系统的认识是可以一代一代地取得巨大进展的。

一旦了解到以往的德国唯心主义是完全荒谬的，那就必然导致唯物主义，但是要注意，并不是导致18世纪的纯粹形而上学的、完全机械的唯物主义。同那种以天真的革命精神简单地抛弃以往的全部历史的做法相反，现代唯物主义把历史看做人类的发展过程，而它的任务就在于发现这个过程的运动规律。无论在18

世纪的法国人那里，还是在黑格尔那里，占统治地位的自然观都认为，自然界是一个沿着狭小的圆圈循环运动的、永远不变的整体，牛顿所说的永恒的天体和林耐所说的不变的有机物种也包含在其中。同这种自然观相反，现代唯物主义概括了自然科学的新近的进步，从这些进步来看，自然界同样也有自己的时间上的历史，天体和在适宜条件下生存在天体上的有机物种都是有生有灭的；至于循环，即使能够存在，其规模也要大得无比。在这两种情况下，现代唯物主义本质上都是辩证的，而且不再需要任何凌驾于其他科学之上的哲学了。一旦对每一门科学都提出要求，要它们弄清它们自己在事物以及关于事物的知识的总联系中的地位，关于总联系的任何特殊科学就是多余的了。于是，在以往的全部哲学中仍然独立存在的，就只有关于思维及其规律的学说——形式逻辑和辩证法。其他一切都归到关于自然和历史的实证科学中去了。

但是，自然观的这种变革只能随着研究工作提供相应的实证的认识材料而实现，而在这期间一些在历史观上引起决定性转变的历史事实却老早就发生了。1831年在里昂发生了第一次工人起义[82]；在1838—1842年，第一次全国性的工人运动，即英国宪章派的运动[58]，达到了高潮。无产阶级和资产阶级之间的阶级斗争一方面随着大工业的发展，另一方面随着资产阶级新近取得的政治统治的发展，在欧洲最先进的国家的历史中升到了重要地位。事实日益令人信服地证明，资产阶级经济学关于资本和劳动的利益一致、关于自由竞争必将带来普遍和谐和人民的普遍福利的学说完全是撒谎。对所有这些事实都再也不能置之不理了，同样，对作为这些事实的理论表现（虽然是极不完备的表现）的法国和英国的社会主义也不能再置之不理了。但是，旧的、还没有被排除掉的唯心主义历史观不知道任何基于物质利益的阶级斗争,而且根本不知道任何物质利益;生产和一切经济关系,在它那里只是被当做"文化史"的从属因素顺便提一下。

新的事实迫使人们对以往的全部历史作一番新的研究,结果发现:以往的**全部**历史,除原始状态外,都是阶级斗争的历史;这些互相斗争的社会阶级在任何时候都是生产关系和交换关系的产物,一句话,都是自己时代的**经济**关系的产物;因而每一时代的社会经济结构形成现实基础,每一个历史时期的由法的设施和政治设施以及宗教的、哲学的和其他的观念形式所构成的全部上层建筑,归根到底都应由这个基础来说明。黑格尔把历史观从形而上学中解放了出来,使它成为辩证的,可是他的历史观本质上是唯心主义的。现在,唯心主义从它的最后的避难所即历史观中被驱逐出去了,一种唯物主义的历史观被提出来了,用人们的存在说明他们的意识,而不是像以往那样用人们的意识说明他们的存在这样一条道路已经找到了。

因此,社会主义现在已经不再被看做某个天才头脑的偶然发现,而被看做两个历史地产生的阶级即无产阶级和资产阶级之间斗争的必然产物。它的任务不再是构想出一个尽可能完善的社会制度,而是研究必然产生这两个阶级及其相互斗争的那种历史的经济的过程;并在由此造成的经济状况中找出解决冲突的手段。可是,以往的社会主义同这种唯物主义历史观是不相容的,正如法国唯物主义的自然观同辩证法和近代自然科学不相容一样。以往的社会主义固然批判了现存的资本主义生产方式及其后果,但是,它不能说明这个生产方式,因而也就不能对付这个生产方式;它只能简单地把它当做坏东西抛弃掉。它越是激烈地反对同这种生产方式密不可分的对工人阶级的剥削,就越是不能明白指出,这种剥削是怎么回事,它是怎样产生的。但是,问题在于:一方面应当说明资本主义生产方式的历史联系和它在一定历史时期存在的必然性,从而说明它灭亡的必然性;另一方面应当揭露这种生产方式的一直还隐蔽着的内在性质。这已经由于**剩余价值**的发现而完成了。已经证明,无偿劳动的占有是资本主义生产方式和通过这种生产方式对工人进行的剥削的基本形式;即使资本家按照劳动力作为商品在商品市场上所具有的全部价值来购买他的工人的劳动力,他从这种劳动力榨取的价值仍然比他对这种劳动力的支付要多;这种剩余价值归根到底构成了有产阶级手中日益增加的资本量由以积累起来的价值量。这样就说明了资本主义生产和资本生产的过程。

这两个伟大的发现——唯物主义历史观和通过剩余价值揭开资本主义生产的秘密,都应当归功于**马克思**。由于这两个发现,社会主义变成了科学,现在首先要做的是对这门科学的一切细节和联系作进一步的探讨。

三

　　唯物主义历史观从下述原理出发：生产以及随生产而来的产品交换是一切社会制度的基础；在每个历史地出现的社会中，产品分配以及和它相伴随的社会之划分为阶级或等级，是由生产什么、怎样生产以及怎样交换产品来决定的。所以，一切社会变迁和政治变革的终极原因，不应当到人们的头脑中，到人们对永恒的真理和正义的日益增进的认识中去寻找，而应当到生产方式和交换方式的变更中去寻找；不应当到有关时代的**哲学**中去寻找，而应当到有关时代的**经济**中去寻找。对现存社会制度的不合理性和不公平、对"理性化为无稽，幸福变成苦痛"①的日益觉醒的认识，只是一种征兆，表示在生产方法和交换形式中已经不知不觉地发生了变化，适合于早先的经济条件的社会制度已经不再同这些变化相适应了。同时这还说明，用来消除已经发现的弊病的手段，也必然以或多或少发展了的形式存在于已经发生变化的生产关系本身中。这些手段不应当从头脑中**发明出来**，而应当通过头脑从生产的现成物质事实中**发现出来**。

　　那么，照此看来，现代社会主义是怎么回事呢？

---

① 见歌德《浮士德》第 1 部第 4 场《书斋》。——编者注

现在大家几乎都承认,现存的社会制度是由现在的统治阶级即资产阶级创立的。资产阶级所固有的生产方式(从马克思以来称为资本主义生产方式),是同封建制度的地方特权、等级特权以及相互的人身束缚不相容的;资产阶级摧毁了封建制度,并且在它的废墟上建立了资产阶级的社会制度,建立了自由竞争、自由迁徙、商品占有者平等的王国,以及其他一切资产阶级的美妙东西。资本主义生产方式现在可以自由发展了。自从蒸汽和新的工具机把旧的工场手工业变成大工业以后,在资产阶级领导下造成的生产力,就以前所未闻的速度和前所未闻的规模发展起来了。但是,正如从前工场手工业以及在它影响下进一步发展了的手工业同封建的行会桎梏发生冲突一样,大工业得到比较充分的发展时就同资本主义生产方式对它的种种限制发生冲突了。新的生产力已经超过了这种生产力的资产阶级利用形式;生产力和生产方式之间的这种冲突,并不是像人的原罪和神的正义的冲突那样产生于人的头脑中,而是存在于事实中,客观地、在我们之外、甚至不依赖于引起这种冲突的那些人的意志或行动而存在着。现代社会主义不过是这种实际冲突在思想上的反映,是它在头脑中,首先是在那个直接吃到它的苦头的阶级即工人阶级的头脑中的观念上的反映。

那么,这种冲突表现在哪里呢?

在资本主义生产出现之前,即在中世纪,普遍地存在着以劳动者私人占有生产资料为基础的小生产:小农的即自由农或依附农的农业和城市的手工业。劳动资料——土地、农具、作坊、手工工具——都是个人的劳动资料,只供个人使用,因而必然是小的、简陋的、有限的。但是,正因为如此,它们也照例是属于生产者自己的。把这些分散的小的生产资料加以集中和扩大,把它们变成现代的强有力的生产杠杆,这正是资本主义生产方式及其承担者即资产阶级的历史作用。资产阶级怎样从 15 世纪起经过简单协作、工场手工业和大工业这三个阶段历史地实现了这种作用,马克思在《资本论》第四篇①中已经作了详尽的阐述。但是,正如马克思在那里所证明的,资产阶级要是不把这些有限的生产资料从个人的生产资料变为**社会化的**即只能由**一批人共同**使用的生产资料,就不能把它们变成强大的生产力。纺纱机、机械织机和蒸汽锤代替了纺车、手工织机和手工锻锤;需要成百上千的人进行协作的工厂代替了小作坊。同生产资料一样,生产本身也从一系列的个人行动变成了一系列的社会行动,而产品也从个人的产品变成了社会的产品。现在工厂所出产的纱、布、金属制品,都是许多工人的共同产品,都必须顺次经过他们的手,然后才变为成品。他们当中没有一个人能够说:这是我做的,这是**我的**产品。

但是,在自发的、无计划地逐渐形成的②社会内部分工成了生产的基本形式的地方,这种分工就使产品具有**商品**的形式,而商品的相互交换,即买和卖,使个体生产者有可能满足自己的各式各样的需要。中世纪的情况就是这样。例如,农民把农产品卖给手工业者,从他们那里买得手工业品。在这种个体生产者即商品生产者的社会中,渗入了一种新的生产方式。它在整个社会中占支配地位的自发**无计划的**分工中间,确立了在个别工厂里的有组织的**有计划的**分工;在**个体**生产旁边出现了**社会化**生产。两者的产品在同一市场上出卖,因而价格至少大体相等。但是,有计划的

---

① 指马克思《资本论》第 1 卷第 4 篇,见《马克思恩格斯文集》第 5 卷第 363—580 页。——编者注

② 在 1883 年德文第一版中没有"无计划地逐渐形成的"。——编者注

组织要比自发的分工有力量;采用社会化劳动的工厂里所制造的产品,要比分散的小生产者所制造的便宜。个体生产在一个又一个的部门中遭到失败,社会化生产使全部旧的生产方式发生革命。但是它的这种革命性质并不为人所认识,结果它反而被用来当做提高和促进商品生产的手段。它的产生,是同商品生产和商品交换的一定的已经存在的杠杆即商人资本、手工业、雇佣劳动直接联系着的。由于它本身是作为商品生产的一种新形式出现的,所以商品生产的占有形式对它也保持着全部效力。

在中世纪得到发展的那种商品生产中,劳动产品应当属于谁的问题根本不可能发生。当时个体生产者通常都用自己所有的、往往是自己生产的原料,用自己的劳动资料,用自己或家属的手工劳动来制造产品。这样的产品根本用不着他去占有,它自然是属于他的。因此,产品的所有权是以**自己的劳动**为基础的。即使利用过别人的帮助,这种帮助通常也是次要的,而且往往除工资以外还得到别的报酬:行会的学徒和帮工与其说是为了吃饭和挣钱而劳动,不如说是为了自己学成手艺当师傅而劳动。后来生产资料开始集中在大的作坊和手工工场中,开始变为真正社会化的生产资料。但是,这些社会化的生产资料和产品还像从前一样仍被当做个人的生产资料和产品来处理。从前,劳动资料的占有者占有产品,因为这些产品通常是他自己的产品,别人的辅助劳动是一种例外;而现在,劳动资料的占有者还继续占有产品,虽然这些产品已经不是**他的**产品,而完全是**别人劳动**的产品了。这样,现在按社会化方式生产的产品已经不归那些真正使用生产资料和真正生产这些产品的人占有,而是归**资本家**占有。生产资料和生产实质上已经社会化了。但是,它们仍然服从于这样一种占有形式,这种占有形式是以个体的私人生产为前提,因而在这种形式下每个人都占有自己的产品并把这个产品拿到市场上去出卖。生产方式虽然已经消灭了这一占有形式的前提,但是它仍然服从于这一占有形式①。赋予新的生产方式以资本主义性质的这一矛盾,**已经包含着现代的一切冲突的萌芽**。新的生产方式越是在一切有决定意义的生产部门和一切在经济上起决定作用的国家里占统治地位,并从而把个体生产排挤到无足轻重的残余地位,**社会化生产和资本主义占有的不相容性,也必然越加鲜明地表现出来**。

如上所述,最初的资本家就已经遇到了现成的雇佣劳动形式。但是,那时雇佣劳动是一种例外,一种副业,一种辅助办法,一种暂时措施。不时出去打短工的农业劳动者,都有自己的几亩土地,不得已时单靠这些土地也能生活。行会条例是要使今天的帮工明天可以成为师傅。但是,生产资料一旦变为社会化的生产资料并集中在资本家手中,情形就改变了。个体小生产者的生产资料和产品变得越来越没有价值;他们除了受雇于资本家就没有别的出路。雇佣劳动以前是一种例外和辅助办法,现在成了整个生产的通例和基本形式;以前是一种副业,现在成了工人的唯一职业。暂时的

---

① 恩格斯在这里加了一个注:"这里无须解释,虽然占有**形式**还是原来那样,可是占有的**性质**由于上述过程而经历的革命,并不亚于生产所经历的革命。我占有我自己的产品还是占有别人的产品,这自然是两种很不相同的占有。顺便提一下:包含着整个资本主义生产方式的萌芽的雇佣劳动是很古老的;它个别地和分散地同奴隶制度并存了几百年。但是,只有在历史前提已经具备时,这一萌芽才能发展成为资本主义生产方式。"——编者注

雇佣劳动者变成了终身的雇佣劳动者。此外,由于同时发生了封建制度的崩溃,封建主扈从人员被解散,农民被逐出自己的家园等等,终身的雇佣劳动者大量增加了。集中在资本家手中的生产资料和除了自己的劳动力以外一无所有的生产者彻底分离了。**社会化生产和资本主义占有之间的矛盾表现为无产阶级和资产阶级的对立。**

　　我们已经看到,资本主义生产方式渗入了商品生产者即通过自己产品的交换来实现社会联系的个体生产者的社会。但是,每个以商品生产为基础的社会都有一个特点:这里的生产者丧失了对他们自己的社会关系的控制。每个人都用自己偶然拥有的生产资料并为自己的特殊的①交换需要而各自进行生产。谁也不知道,他的那种商品在市场上会出现多少,究竟需要多少;谁也不知道,他的个人产品是否真正为人所需要,是否能收回它的成本,到底是否能卖出去。社会生产的无政府状态占统治地位。但是,商品生产同任何其他生产形式一样,有其特殊的、固有的、和它分不开的规律;这些规律不顾无政府状态、在无政府状态中、通过无政府状态而为自己开辟道路。这些规律在社会联系的唯一继续存在的形式即交换中表现出来,并且作为竞争的强制规律对各个生产者发生作用。所以,这些规律起初连这些生产者也不知道,只是由于长期的经验才逐渐被他们发现。所以,这些规律是在不经过生产者并且同生产者对立的情况下,作为他们的生产形式的盲目起作用的自然规律而为自己开辟道路。产品支配着生产者。

---

① 　在1883年德文第一版中不是"特殊的",而是"个人的"。——编者注

在中世纪的社会里,特别是在最初几世纪,生产基本上是为了供自己消费。它主要只是满足生产者及其家属的需要。在那些有人身依附关系的地方,例如在农村中,生产还满足封建主的需要。因此,在这里没有交换,产品也不具有商品的性质。农民家庭差不多生产了自己所需要的一切:食物、用具和衣服。只有当他们在满足自己的需要并向封建主交纳实物贡赋以后还能生产更多的东西时,他们才开始生产商品;这种投入社会交换即拿去出卖的多余产品就成了商品。诚然,城市手工业者一开始就必然为交换而生产。但是,他们也自己生产自己所需要的大部分东西;他们有园圃和小块土地;他们在公共森林中放牧牲畜,并且从这些森林中取得木材和燃料;妇女纺麻,纺羊毛等等。以交换为目的的生产,即商品生产,还只是在形成中。因此,交换是有限的,市场是狭小的,生产方式是稳定的,地方和外界是隔绝的,地方内部是统一的;农村中有马尔克①,城市中有行会。

但是,随着商品生产的扩展,特别是随着资本主义生产方式的出现,以前潜伏着的商品生产规律也就越来越公开、越来越有力地发挥作用了。旧日的束缚已经松弛,旧日的壁障已经突破,生产者日益变为独立的、分散的商品生产者了。社会生产的无政府状态已经表现出来,并且越来越走向极端。但是,资本主义生产方式用来加剧社会生产中的这种无政府状态的主要工具正是无政府状态的直接对立物:每一单个生产企业中的生产作为社会化生产所具有的日益加强的组织性。资本主义生产方式利用这一杠杆结束了旧日的和平的稳定状态。它在哪一个工业部门被采用,就不容许

① 恩格斯在这里加了一个注:"见书末的附录。**83**"——编者注

任何旧的生产方法在那里和它并存。它在哪里控制了手工业，就把那里的旧的手工业消灭掉。劳动场地变成了战场。伟大的地理发现以及随之而来的殖民地的开拓使销售市场扩大了许多倍，并且加速了手工业向工场手工业的转化。斗争不仅爆发于地方的各个生产者之间；地方性的斗争又发展为全国性的，发展为17世纪和18世纪的商业战争[84]。最后，大工业和世界市场的形成使这个斗争成为普遍的，同时使它具有了空前的剧烈性。在资本家和资本家之间，在工业部门和工业部门之间以及国家和国家之间，生死存亡都取决于天然的或人为的生产条件的优劣。失败者被无情地淘汰掉。这是从自然界加倍疯狂地搬到社会中来的达尔文的个体生存斗争。动物的自然状态竟表现为人类发展的顶点。社会化生产和资本主义占有之间的矛盾表现为**个别工厂中生产的组织性和整个社会中生产的无政府状态之间的对立。**

资本主义生产方式在它生而具有的矛盾的这两种表现形式中运动着，它毫无出路地处在早已为傅立叶所发现的"恶性循环"中。诚然，傅立叶在他那个时代还不能看到：这种循环在逐渐缩小；更确切地说，运动沿螺线行进，并且必然像行星的运动一样，由于同中心相碰撞而告终。社会的生产无政府状态的推动力使大多数人日益变为无产者，而无产者群众又将最终结束生产的无政府状态。社会的生产无政府状态的推动力，使大工业中的机器无止境地改进的可能性变成一种迫使每个工业资本家在遭受毁灭的威胁下不断改进自己的机器的强制性命令。但是，机器的改进就造成人的劳动的过剩。如果说机器的采用和增加意味着成百万的手工劳动者为少数机器劳动者所排挤，那么，机器的改进就意味着越来越多的机器劳动者本身受到排挤,而归根到底就意味着造成一批超过资本雇工的平均需要的、可供支配的雇佣劳动者,一支真正的产业后备军(我早在1845年就这样称呼他们①);这支后备军在工业开足马力工作的时期可供随意支配,而由于随后必然到来的崩溃又被抛到街头;这支后备军任何时候都是工人阶级在自己同资本进行生存斗争中的绊脚石,是把工资抑制在合乎资本家需要的低水平上的调节器。这样一来,机器,用马克思的话来说,就成了资本用来对付工人阶级的最强有力的武器,劳动资料不断地夺走工人手中的生活资料,工人自己的产品变成了奴役工人的工具。② 于是,劳动资料的节约,一开始就同时成为对劳动力的最无情的浪费和对劳动发挥作用的正常条件的剥夺③;机器这一缩短劳动时间的最有力的手段,变成了使工人及其家属一生的时间转化为可以随意用来增殖资本的劳动时间的最可靠的手段;于是,一部分人的过度劳动成了另一部分人失业的前提,而在全世界追逐新消费者的大工业,却在国内把群众的消费限制到忍饥挨饿这样一个最低水平,从而破坏了自己的国内市场。"使相对过剩人口或产业后备军同资本积累的规模和能力始终保持平衡的规律把工人钉在资本上,比赫斐斯塔司的楔子把普罗米修斯钉在岩石上钉得还要牢。这一规律制约着同资本积累相适应的贫困积累。因此,在一极是财富的积累,同时在另一极,即在**把自己的产品作为**

---

① 恩格斯在这里加了一个注:"《英国工人阶级状况》第109页。"参看《马克思恩格斯全集》中文第1版第2卷第369页。——编者注
② 参看马克思《资本论》第1卷,《马克思恩格斯文集》第5卷第501、560页。——编者注
③ 同上,第532页。——编者注

资本来生产的阶级方面,是贫困、劳动折磨、受奴役、无知、粗野和道德堕落的积累。"(马克思《资本论》第671页)①而期待资本主义生产方式有另一种产品分配,那就等于要求电池的电极和电池相联时不使水分解,不在阳极放出氧和在阴极放出氢。

我们已经看到,现代机器的已经达到极高程度的改进的可能性,怎样由于社会中的生产无政府状态而变成一种迫使各个工业资本家不断改进自己的机器、不断提高机器的生产能力的强制性命令。对资本家来说,扩大自己的生产规模的单纯的实际可能性也变成了同样的强制性命令。大工业的巨大的扩张力——气体的膨胀力同它相比简直是儿戏——现在在我们面前表现为不顾任何反作用力而在质量上和数量上进行扩张的**需要**。这种反作用力是由大工业产品的消费、销路、市场形成的。但是,市场向广度和深度扩张的能力首先是受完全不同的、力量弱得多的规律支配的。市场的扩张赶不上生产的扩张。冲突成为不可避免的了,而且,因为它在把资本主义生产方式本身炸毁以前不能使矛盾得到解决,所以它就成为周期性的了。资本主义生产造成了新的"恶性循环"。

事实上,自从1825年第一次普遍危机爆发以来,整个工商业世界,一切文明民族及其野蛮程度不同的附属地中的生产和交换,差不多每隔十年就要出轨一次。交易停顿,市场盈溢,产品大量滞销积压,银根奇紧,信用停止,工厂停工,工人群众因为他们生产的生活资料过多而缺乏生活资料,破产相继发生,拍卖纷至沓来。停滞状态持续几年,生产力和产品被大量浪费和破坏,直到最后,大

---

① 引自《资本论》第1卷,参看《马克思恩格斯选集》第3版第2卷第289—290页。——编者注

批积压的商品以或多或少压低了的价格卖出,生产和交换又逐渐恢复运转。步伐逐渐加快,慢步转成快步,工业快步转成跑步,跑步又转成工业、商业、信用和投机事业的真正障碍赛马中的狂奔,最后,经过几次拼命的跳跃重新陷入崩溃的深渊。如此反复不已。从 1825 年以来,这种情况我们已经历了整整五次,目前(1877 年)正经历着第六次。这些危机的性质表现得这样明显,以致傅立叶在把第一次危机称为 crise pléthorique[多血症危机],即由过剩引起的危机时,就中肯地说明了所有这几次危机的实质。①

在危机中,社会化生产和资本主义占有之间的矛盾剧烈地爆发出来。商品流通暂时停顿下来;流通手段即货币成为流通的障碍;商品生产和商品流通的一切规律都颠倒过来了。经济的冲突达到了顶点:**生产方式起来反对交换方式。**

工厂内部的生产的社会化组织,已经发展到同存在于它之旁并凌驾于它之上的社会中的生产无政府状态不能相容的地步。资本家自己也由于资本的猛烈积聚而感觉到这一事实,这种积聚是在危机期间通过许多大资本家和更多的小资本家的破产实现的。资本主义生产方式的全部机制在它自己创造的生产力的压力下失灵了。它已经不能把这大批生产资料全部变成资本;生产资料闲置起来,因此,产业后备军也不得不闲置起来。生产资料、生活资料、可供支配的工人——生产和一般财富的一切因素,都过剩了。但是,"过剩成了贫困和匮乏的源泉"(傅立叶),因为正是这种过剩阻碍生产资料和生活资料变为资本。因为在资本主义社会里,生产资料要不先变为资本,变为剥削人的劳动力的工具,就不能发

---

① 参看《傅立叶全集》1845 年巴黎版第 6 卷第 393—394 页。——编者注

挥作用。生产资料和生活资料的资本属性的必然性,像幽灵一样横在这些资料和工人之间。唯独这个必然性阻碍着生产的物的杠杆和人的杠杆的结合;唯独它不允许生产资料发挥作用,不允许工人劳动和生活。因此,一方面,资本主义生产方式暴露出它没有能力继续驾驭这种生产力。另一方面,这种生产力本身以日益增长的威力要求消除这种矛盾,要求摆脱它作为资本的那种属性,要求**在事实上承认它作为社会生产力的那种性质**。

　　猛烈增长着的生产力对它的资本属性的这种反作用力,要求承认生产力的社会本性的这种日益增长的压力,迫使资本家阶级本身在资本关系内部可能的限度内,越来越把生产力当做社会生产力看待。无论是信用无限膨胀的工业高涨时期,还是由大资本主义企业的破产造成的崩溃本身,都使大量生产资料不得不采取像我们在各种股份公司中所遇见的那种社会化形式。某些生产资料和交通手段一开始规模就很大,它们,例如铁路,排斥任何其他的资本主义经营形式。在一定的发展阶段上,这种形式也嫌不够了;①国内同一工业部门的大生产者联合为一个"托拉斯",即一个以调节生产为目的的联盟;他们规定应该生产的总产量,在彼此间分配产量,并且强制实行预先规定的出售价格。但是,这种托拉斯一遇到不景气的时候大部分就陷于瓦解,正因为如此,它们就趋向于更加集中的社会化:整个工业部门变为一个唯一的庞大的股份公司,国内的竞争让位于这一个公司在国内的垄断;例如还在1890年,英国的制碱业就发生了这种情形,现在,这一行业在所有

---

①　在1883年德文第一版中没有以下从"国内同一工业部门"起,至"无论有或者没有托拉斯"这部分文字。——编者注

48个大工厂合并后转到一个唯一的、统一管理的、拥有12 000万马克资本的公司手中了。

在托拉斯中,自由竞争转变为垄断,而资本主义社会的无计划生产向行将到来的社会主义社会的计划生产投降。当然,这首先还是对资本家有利的。但是,在这里剥削变得这样明显,以致它必然会被废除。任何一个民族都不会容忍由托拉斯领导的生产,不会容忍由一小撮专靠剪息票为生的人对全社会进行如此露骨的剥削。

无论在任何情况下,无论有或者没有托拉斯,资本主义社会的正式代表——国家终究不得不①承担起对生产的管理。这种转化为国家财产的必要性首先表现在大规模的交通机构,即邮政、电报和铁路方面。

如果说危机暴露出资产阶级没有能力继续驾驭现代生产力,

---

① 恩格斯在这里加了一个注:"我说'**不得不**',因为只有在生产资料或交通手段**真正**发展到不适于由股份公司来管理,因而国有化**在经济上**已成为不可避免的情况下,国有化——即使是由目前的国家实行的——才意味着经济上的进步,才意味着达到了一个新的为社会本身占有一切生产力做准备的阶段。但是最近,自从俾斯麦致力于国有化以来,出现了一种冒牌的社会主义,它有时甚至堕落为某些奴才气,无条件地把**任何一种**国有化,甚至俾斯麦的国有化,都说成社会主义的。显然,如果烟草国营是社会主义的,那么拿破仑和梅特涅也应该算入社会主义创始人之列了。比利时国家出于纯粹日常的政治和财政方面的考虑而自己修建国家的铁路干线,俾斯麦并非考虑经济上的必要,而只是为了使铁路能够更好地适用于战时,只是为了把铁路官员训练成政府的投票家畜,主要是为了取得一种不依赖于议会决定的新的收入来源而把普鲁士的铁路干线收归国有,这无论如何不是社会主义的步骤,既不是直接的,也不是间接的,既不是自觉的,也不是不自觉的。否则,皇家海外贸易公司**85**、皇家陶瓷厂,甚至陆军被服厂,以至在30年代弗里德里希-威廉三世时期由一个聪明人一本正经地建议过的妓院国营,也都是社会主义的设施了。"——编者注

那么,大的生产机构和交通机构向股份公司、托拉斯①和国家财产的转变就表明资产阶级在这方面是多余的。资本家的全部社会职能现在由领工薪的职员来执行了。资本家除了拿红利、剪息票、在各种资本家相互争夺彼此的资本的交易所中进行投机以外,再也没有任何其他的社会活动了。资本主义生产方式起初排挤工人,现在却在排挤资本家了,完全像对待工人那样把他们赶到过剩人口中去,虽然暂时还没有把他们赶到产业后备军中去。

但是,无论向股份公司和托拉斯①的转变,还是向国家财产的转变,都没有消除生产力的资本属性。在股份公司和托拉斯的场合,这一点是十分明显的。而现代国家也只是资产阶级社会为了维护资本主义生产方式的一般外部条件使之不受工人和个别资本家的侵犯而建立的组织。现代国家,不管它的形式如何,本质上都是资本主义的机器,资本家的国家,理想的总资本家。它越是把更多的生产力据为己有,就越是成为真正的总资本家,越是剥削更多的公民。工人仍然是雇佣劳动者,无产者。资本关系并没有被消灭,反而被推到了顶点。但是在顶点上是要发生变革的。生产力归国家所有不是冲突的解决,但是这里包含着解决冲突的形式上的手段,解决冲突的线索。

这种解决只能是在事实上承认现代生产力的社会本性,因而也就是使生产、占有和交换的方式同生产资料的社会性质相适应。而要实现这一点,只有由社会公开地和直接地占有已经发展到除了适于社会管理之外不适于任何其他管理的生产力。现在,生产资料和产品的社会性质反过来反对生产者本身,周期性地突破生

———————
① 在1883年德文第一版中没有"托拉斯"一词。——编者注

产方式和交换方式,并且只是作为盲目起作用的自然规律强制性地和破坏性地为自己开辟道路,而随着社会占有生产力,这种社会性质就将为生产者完全自觉地运用,并且从造成混乱和周期性崩溃的原因变为生产本身的最有力的杠杆。

　　社会力量完全像自然力一样,在我们还没有认识和考虑到它们的时候,起着盲目的、强制的和破坏的作用。但是,一旦我们认识了它们,理解了它们的活动、方向和作用,那么,要使它们越来越服从我们的意志并利用它们来达到我们的目的,就完全取决于我们了。这一点特别适用于今天的强大的生产力。只要我们固执地拒绝理解这种生产力的本性和性质(而资本主义生产方式及其辩护士正是抗拒这种理解的),它就总是像上面所详细叙述的那样,起违反我们、反对我们的作用,把我们置于它的统治之下。但是,它的本性一旦被理解,它就会在联合起来的生产者手中从魔鬼似的统治者变成顺从的奴仆。这里的区别正像雷电中的电的破坏力同电报机和弧光灯的被驯服的电之间的区别一样,正像火灾同供人使用的火之间的区别一样。当人们按照今天的生产力终于被认识了的本性来对待这种生产力的时候,社会的生产无政府状态就让位于按照社会总体和每个成员的需要对生产进行的社会的有计划的调节。那时,资本主义的占有方式,即产品起初奴役生产者而后又奴役占有者的占有方式,就让位于那种以现代生产资料的本性为基础的产品占有方式:一方面由社会直接占有,作为维持和扩大生产的资料;另一方面由个人直接占有,作为生活资料和享受资料。

　　资本主义生产方式日益把大多数居民变为无产者,从而就造成一种在死亡的威胁下不得不去完成这个变革的力量。这种生产方式日益迫使人们把大规模的社会化的生产资料变为国家财产,因此它本身就指明完成这个变革的道路。**无产阶级将取得国家政权,并且首先把生产资料变为国家财产**。但是这样一来,它就消灭了作为无产阶级的自身,消灭了一切阶级差别和阶级对立,也消灭了作为国家的国家。到目前为止在阶级对立中运动着的社会,都需要有国家,即需要一个剥削阶级的组织,以便维护这个社会的外部生产条件,特别是用暴力把被剥削阶级控制在当时的生产方式所决定的那些压迫条件下(奴隶制、农奴制或依附农制、雇佣劳动制)。国家是整个社会的正式代表,是社会在一个有形的组织中的集中表现,但是,说国家是这样的,这仅仅是说,它是当时独自代表整个社会的那个阶级的国家:在古代是占有奴隶的公民的国家,在中世纪是封建贵族的国家,在我们的时代是资产阶级的国家。当国家终于真正成为整个社会的代表时,它就使自己成为多余的了。当不再有需要加以镇压的社会阶级的时候,当阶级统治和根源于至今的生产无政府状态的个体生存斗争已被消除,而由此二者产生的冲突和极端行动也随着被消除了的时候,就不再有什么需要镇压了,也就不再需要国家这种特殊的镇压力量了。国家真正作为整个社会的代表所采取的第一个行动,即以社会的名义占有生产资料,同时也是它作为国家所采取的最后一个独立行动。那时,国家政权对社会关系的干预在各个领域中将先后成为多余的事情而自行停止下来。那时,对人的统治将由对物的管理和对生产过程的领导所代替。国家不是"被废除"的,**它是自行消亡的**。应当以此来衡量"自由的人民国家"[86]这个用语,这个用语在鼓动的意义上暂时有存在的理由,但归根到底是没有科学根据的;同时也应当以此来衡量所谓无政府主义者提出的在一天之内废除国家的要求。

自从资本主义生产方式在历史上出现以来,由社会占有全部生产资料,常常作为未来的理想隐隐约约地浮现在个别人物和整个整个派别的头脑中。但是,这种占有只有在实现它的实际条件已经具备的时候,才能成为可能,才能成为历史的必然性。正如其他一切社会进步一样,这种占有之所以能够实现,并不是由于人们认识到阶级的存在同正义、平等等等相矛盾,也不是仅仅由于人们希望废除这些阶级,而是由于具备了一定的新的经济条件。社会分裂为剥削阶级和被剥削阶级、统治阶级和被压迫阶级,是以前生产不大发展的必然结果。只要社会总劳动所提供的产品除了满足社会全体成员最起码的生活需要以外只有少量剩余,就是说,只要劳动还占去社会大多数成员的全部或几乎全部时间,这个社会就必然划分为阶级。在这被迫专门从事劳动的大多数人之旁,形成了一个脱离直接生产劳动的阶级,它掌管社会的共同事务:劳动管理、国家事务、司法、科学、艺术等等。因此,分工的规律就是阶级划分的基础。但是,这并不妨碍阶级的这种划分曾经通过暴力和掠夺、欺诈和蒙骗来实现,这也不妨碍统治阶级一旦掌握政权就牺牲劳动阶级来巩固自己的统治,并把对社会的领导变成对群众加紧剥削。

但是,如果说阶级的划分根据上面所说具有某种历史的理由,那也只是对一定的时期、一定的社会条件才是这样。这种划分是以生产的不足为基础的,它将被现代生产力的充分发展所消灭。的确,社会阶级的消灭是以这样一个历史发展阶段为前提的,在这个阶段上,不仅某个特定的统治阶级的存在,而且任何统治阶级的存在,从而阶级差别本身的存在,都将成为时代错乱,成为过时现象。所以,社会阶级的消灭是以生产高度发展的阶段为前提的,在这个阶段上,某一特殊的社会阶级对生产资料和产品的占有,从而对政治统治、教育垄断和精神领导地位的占有,不仅成为多余的,而且在经济上、政治上和精神上成为发展的障碍。这个阶段现在已经达到了。资产阶级的政治和精神的破产甚至对他们自己来说也未必是一种秘密了，而他们的经济破产则有规律地每十年重复一次。在每次危机中，社会在它自己的而又无法加以利用的生产力和产品的重压下奄奄一息，面对着生产者没有什么可以消费是因为缺乏消费者这种荒谬的矛盾而束手无策。生产资料的扩张力撑破了资本主义生产方式所加给它的桎梏。把生产资料从这种桎梏下解放出来，是生产力不断地加速发展的唯一先决条件，因而也是生产本身实际上无限增长的唯一先决条件。但是还不止于此。生产资料由社会占有，不仅会消除生产的现存的人为障碍，而且还会消除生产力和产品的有形的浪费和破坏，这种浪费和破坏在目前是生产的无法摆脱的伴侣，并且在危机时期达到顶点。此外，这种占有还由于消除了现在的统治阶级及其政治代表的穷奢极欲的挥霍而为全社会节省出大量的生产资料和产品。通过社会化生产，不仅可能保证一切社会成员有富足的和一天比一天充裕的物质生活，而且还可能保证他们的体力和智力获得充分的自由的发展和运用，这种可能性现在第一次出现了，但它**确实是出现了**①。

---

① 恩格斯在这里加了一个注："有几个数字可以使人们对现代生产资料即使在资本主义压制下仍然具有的巨大扩张力有个大体的概念。根据吉芬的统计[87]，大不列颠和爱尔兰的全部财富约计如下：

1814 年……22 亿英镑 ＝ 440 亿马克

1865 年……61 亿英镑 ＝1 220 亿马克

1875 年……85 亿英镑 ＝1 700 亿马克

至于在危机中生产资料和产品被破坏的情况，根据 1878 年 2 月 21 日在柏林举行的德国工业家第二次代表大会所作的统计，在最近一次崩溃中，单是**德国制铁工业**所遭受的全部损失就达 45 500 万马克。"——编者注一旦社会占有了生产资料,商品生产就将被消除,而产品对生产者的统治也将随之消除。社会生产内部的无政府状态将为有计划的自觉的组织所代替。个体生存斗争停止了。于是,人在一定意义上才最终地脱离了动物界,从动物的生存条件进入真正人的生存条件。人们周围的、至今统治着人们的生活条件,现在受人们的支配和控制,人们第一次成为自然界的自觉的和真正的主人,因为他们已经成为自身的社会结合的主人了。人们自己的社会行动的规律,这些一直作为异己的、支配着人们的自然规律而同人们相对立的规律,那时就将被人们熟练地运用,因而将听从人们的支配。人们自身的社会结合一直是作为自然界和历史强加于他们的东西而同他们相对立的,现在则变成他们自己的自由行动了。至今一直统治着历史的客观的异己的力量,现在处于人们自己的控制之下了。只是从这时起,人们才完全自觉地自己创造自己的历史;只是从这时起,由人们使之起作用的社会原因才大部分并且越来越多地达到他们所预期的结果。这是人类从必然王国进入自由王国的飞跃。

最后,我们把上述的发展进程简单地概述如下:

一、**中世纪社会**:个体的小生产。生产资料是供个人使用的,因而是原始的、笨拙的、小的、效能很低的。生产都是为了直接消费,无论是生产者本身的消费,还是他的封建领主的消费。只有在生产的东西除了满足这些消费以外还有剩余的时候,这种剩余才拿去出卖和进行交换。所以,商品生产刚刚处于形成过程中,但是这时它本身已经包含着**社会生产的无政府状态**的萌芽。

二、**资本主义革命**:起初是工业通过简单协作和工场手工业实现的变革。先前分散的生产资料集中到大作坊中,因而它们就由个人的生产资料转变为社会化的生产资料,这种转变总的说来没有触及交换形式。旧的占有形式仍然起作用。**资本家**出现了:他是生产资料的所有者,当然就占有产品并把它们变为商品。生产已经成为社会的活动;而交换以及和它相伴随的占有,仍旧是个体的活动,单个人的活动:**社会的产品被个别资本家所占有**。这就是产生现代社会的一切矛盾的基本矛盾,现代社会就在这一切矛盾中运动,而大工业把它们明显地暴露出来了。

(a)生产者和生产资料相分离。工人注定要终身从事雇佣劳动。**无产阶级和资产阶级相对立**。

(b)支配商品生产的规律日益显露出来,它们的作用日益加强。竞争不可遏止。**个别工厂中的社会化组织和整个生产中的社会无政府状态相矛盾**。

(c)一方面是机器的改进,这种改进由于竞争而变成每个厂主必须执行的强制性命令,而且也意味着工人不断遭到解雇:**产生了产业后备军**。另一方面是生产的无限扩张,这也成了每个厂主必须遵守的竞争的强制规律。这两方面造成了生产力的空前发展、供过于求、生产过剩、市场盈溢、十年一次的危机、恶性循环:**这里是生产资料和产品过剩,那里是**没有工作和没有生活资料的**工人过剩**;但是,生产和社会福利的这两个杠杆不能结合起来,因为资本主义的生产形式不允许生产力发挥作用,不允许产品进行流通,除非生产力和产品先转变为资本,而阻碍这种转变的正是生产力和产品的过剩。这种矛盾发展到荒谬的程度:**生产方式起来反对交换形式**。资产阶级已经暴露出它没有能力继续管理自己的社会生产力。

(d)资本家本身不得不部分地承认生产力的社会性质。大规

1912—1943 年间载有
《社会主义从空想到科学的发展》中译文的部分书刊

模的生产机构和交通机构起初由**股份公司**占有,后来由托拉斯占有①,然后又由**国家**占有。资产阶级表明自己已成为多余的阶级;它的全部社会职能现在由领工薪的职员来执行了。

三、无产阶级革命,矛盾的解决:无产阶级将取得公共权力,并且利用这个权力把脱离资产阶级掌握的社会化生产资料变为公共财产。通过这个行动,无产阶级使生产资料摆脱了它们迄今具有的资本属性,使它们的社会性质有充分的自由得以实现。从此按照预定计划进行的社会生产就成为可能的了。生产的发展使不同社会阶级的继续存在成为时代错乱。随着社会生产的无政府状态的消失,国家的政治权威也将消失。人终于成为自己的社会结合的主人,从而也就成为自然界的主人,成为自身的主人——自由的人。

完成这一解放世界的事业,是现代无产阶级的历史使命。深入考察这一事业的历史条件以及这一事业的性质本身,从而使负有使命完成这一事业的今天受压迫的阶级认识到自己的行动的条件和性质,这就是无产阶级运动的理论表现即科学社会主义的任务。

弗·恩格斯写于 1880 年 1 月—3 月上半月

载于 1880 年 3 月 20 日,4 月 20 日和 5 月 5 日《社会主义评论》杂志第 3、4 和 5 期

原文是德文

选自《马克思恩格斯选集》第 3 版第 3 卷第 775—817 页

---

① 在 1883 年德文第一版中没有"后来由托拉斯占有"。——编者注

附　　录

弗·恩格斯

马　尔　克[88]

在德国这样一个还有大约三分之二①人口靠种地过活的国家里,有必要使社会主义工人,并且通过他们使农民知道,当前的大小土地所有制是怎样产生的;有必要拿古代一切自由人对于当时实际上是他们的"父辈的土地",即祖传的自由的公有土地的公有制,同当前短工的贫困和小农受债务奴役的状况对比一下。所以,我打算对最古老的德意志土地制度,作一个简短的历史叙述。这种土地制度,今天虽然只剩下了很少的残迹,但在整个中世纪里,它却是一切社会制度的基础和典范,浸透了全部的公共生活,不仅在德意志,而且在法兰西北部,在英格兰和斯堪的纳维亚。可是,它完全被人遗忘了,直到最近,格·路·毛勒才重新发现了它的真正意义。[89]

有两个自发产生的事实,支配着一切或者说几乎一切民族的原始历史:民族按亲属关系的划分和土地公有制。德意志人的情况也是如此。他们从亚洲带来了这种按部落、亲族和血族的划分,

---

① 在经过恩格斯修订的《社会主义从空想到科学的发展》增补第 4 版(1891 年柏林版)(以下简称:增补第 4 版)所附本文中,此处为"整整一半"。——编者注

他们在罗马时代编制战斗队时就总是使有近亲关系的人并肩作战,同样,当他们占领莱茵河以东和多瑙河以北这一带新领土的时候,也受到了这种划分的支配。各个部落在这个新的居住地定居下来,但这不是任意的或偶然的,而是像凯撒所明白指出的那样①,以部落成员的亲属关系为依据的。亲属关系较近的较大集团,分配到一定的地区,在这个地区里面,各个包括若干家庭的血族,又按村的形式定居下来。几个有亲属关系的村,构成一个百户[Hundertschaft](古代高地德意志语为 Huntari,古代斯堪的纳维亚语为 Heradh),几个百户构成一个区[Gau]。区的总和便是民族自身了。村没有留用的土地,都归百户支配。没有分配给百户的土地,都归区管辖。如果还有可以使用的土地(大多是很大的一个地带),则归全民族直接占有。例如,在瑞典,我们就可以看到上述各种层次的公共占有制同时并存着。每一个村都有村公有地(bys almänningar)。此外,还有百户公有地(härads)、区公有地或州(lands)公有地;最后,还有归全民族的代表者国王支配的民族公有地,在这里叫做 konungs almänningar[王有地]。不过,所有这些,连王有地在内,都统称为 almänningar②,即公有地。

古代瑞典的这种公有地制度,就其精确的层层划分来看,无论如何是属于较晚的发展阶段的。如果它曾经以这种形态在德国存在过,那也很快就消失了。由于人口的激增,在划归每一个村的极其广阔的土地上,也就是在**马尔克**里面,产生了一批女儿村,它们作为权利平等或者权利较小的村,跟母村一起,构成一个单一的马

---

① 凯撒《高卢战记》第 6 册第 22 章。——编者注
② 《社会主义从空想到科学的发展》1883 年霍廷根—苏黎世第 2 版及以后各版所附本文,在此词后加上了"Allmenden"。——编者注

尔克公社。因此,我们在德国,在史料所能追溯的范围内,到处可以看到,有或多或少的村联合成**一个**马尔克公社。但在这种团体之上,至少在初期,还有百户或区这种较大的马尔克团体。最后,为了管理归民族直接占有的土地和监督在它领土以内的下级马尔克,整个民族在最初阶段构成一个单一的大马尔克公社。

一直到法兰克王国征服莱茵河东岸的德意志的时候,马尔克公社的重心似乎在区里,而区的范围似乎就是本来的马尔克公社。因为只有这样才能够说明,在法兰克王国划分行政区域时,为什么有那么多的古老的大马尔克作为司法区重新出现。不过,此后不久,古老的大马尔克就开始分裂。但是,在13世纪和14世纪的《帝国法》**90**里还规定,一个马尔克通常包括6个到12个村。较大的马尔克的继续存在,是德国的公有制同今天俄国的公有制的根本区别;在俄国尚未因废除农奴制而剥夺农村公社的公有地并宣布归庄园主所有时,每个村社都拥有自己单独的公有地。①

在凯撒时代,至少有一大部分德意志人,即苏维汇民族,还没有定居下来,他们的田地是共同耕作的。我们按照同其他民族的类比可以推测,这种共同耕作是这样进行的:包括若干具有近亲关系的家庭的各个血族,集体耕种分配给他们的、年年更换的土地,并把产品分配给各个家庭。但苏维汇人在公元初年在新的住所安居下来以后,这种办法很快就停止了。至少,塔西佗(在凯撒之后

---

① 恩格斯在这里加了一个注:"我要感谢**马克思**,是他指出了这一就其历史后果来看极其重要的区别,在有关人类社会的原始状态的一切问题上,马克思无疑是首屈一指的权威。但愿《资本论》第2卷至少会将他研究的主要成果发表出来,因为该卷在论述地租的时候,还将论述土地所有制问题。"但在增补第4版中从"较大的马尔克"至"自己单独的公有地"这一整段话,被作者删掉了。——编者注

150年)就只知道由单个家庭耕种土地。① 但是,分配给这些家庭的耕地,期限也只有一年;每年都要重新进行分配和更换。

这是怎样进行的,我们今天还可以在摩泽尔河畔和霍赫瓦尔德山区的所谓农户公社中看得出来。在那里,虽然不再一年分配一次,但是每隔3年、6年、9年或12年,总要把全部耕种的土地(耕地和草地)合在一起,按照位置和土质,分成若干"大块"。每一大块,再划分成若干大小相等的狭长带状地块,块数多少,根据公社中有权分地者的人数多少而定;这些地块,采用抽签的办法,分配给有权分地的人。所以,每一个社员,在每一个大块中,也就是说,在位置与土质各不相同的每一个大块中,当初都分到了同样大的一块土地。现在,这些份地,由于遗产分配、出卖等种种原因,已经大小不等了,但旧有的完整的份地,仍旧是一个单位,根据这个单位来决定二分之一、四分之一、八分之一份地等等。没有耕种的土地(森林和牧场),仍然共同占有,共同利用。

这种最古老的制度,直到本世纪初,还保存在巴伐利亚的莱茵普法尔茨的所谓抽签分地制中。此后,它的耕地变成了各个社员的私有财产。农户公社也越来越感觉到,停止重新分配,变交替的占有为私有,对它们是有利的。因此,在过去40年内,大多数的甚至是全部的农户公社都消失了,变成了小农的普通村落,不过森林和牧场还是共同利用。

变成个人私有财产的第一块土地是住宅地。住所的不可侵犯性,一切个人自由的这个基础,开始于迁徙队伍的大篷车,转到定居农民的木屋,逐渐变为一种对于家宅和园地的完全所有权。这

---

① 塔西佗《日尔曼尼亚志》第26章。——编者注

在塔西佗时代早已发生。自由的德意志人的住处,必定在那时就已经从马尔克中分离出来,因而成了马尔克公职人员不能进去的地方,成了逃亡者的安全避难所,我们看到,这在后世的马尔克章程里,部分在5到8世纪的《民族法》**91**里,就已有了记载。因为,住所的神圣不可侵犯,不是它转变为私有财产的结果,而是原因。

四五百年以后①,我们在《民族法》中还看到,耕地是各个农民世袭的地产,它虽然不是绝对自由的地产,但农民有权通过出卖或者其他方式的转让来支配。关于这种转变的原因,我们找到了两条线索。

第一,从最早的时候起,在德意志本土除了上述耕地完全共有的闭塞的村以外,还有另一种村,在这里,不单住处,就连耕地,也从公社,即马尔克中分离出来,作为世袭财产分配给各个农民。不过,这只是发生在由于地形的限制可以说不得不这样做的地方,诸如在贝格区那样的狭谷里,在威斯特伐利亚那样的狭窄、平坦、两边都是沼泽地的山背上。以后,也发生在奥登林山和几乎全部阿尔卑斯山脉的山谷里。这些地方的村,现在还是这样,是由分散孤立的庄户构成的,每个庄户的四周是归它所有的耕地。耕地的更换,在这里不太可能实行,所以留给马尔克的,只有周围尚未开垦的土地。后来,当可以通过转让给第三者来支配家宅和园地的权利获得重要意义的时候,这类宅院的所有者便占了便宜。想同样得到这种便宜的愿望,可能使许多耕地共有的村停止了反复的②重新分

---

①　在增补第4版中,恩格斯将这句话改为“塔西佗以后四五百年”。——编者注

②　在增补第4版中,恩格斯将“反复的”(wiederholt)改为“通常的”(gewohnt)。——编者注

配办法,因而使社员的各块份地同样成为可以继承和转让的。

第二,征战将德意志人带进了罗马的领土,在那里,几百年以来,土地早已成为私有财产(而且还是罗马式的、无限制的私有财产),在那里,人数不多的征服者,不可能把这样一种根深蒂固的占有形式完全废除。说明至少在旧日的罗马领土上耕地和草地的世袭私人占有制同罗马法之间的关联的,还有这样一种情况,那就是,一直保留到当代的耕地公有制的残余,恰恰存在于莱茵河左岸,即存在于同样被征服的但是**彻底日耳曼化了的**地区。当法兰克人5世纪在这里住下的时候,他们必定还保留着耕地公有制,否则我们今天在那里就无从找到农户公社和抽签分地制了。不过在这里,私有制也很快就不可抵挡地渗进来了,因为我们看到,6世纪《里普利安民族法》[92]在谈论耕地的时候,只提到这种私有制。在德意志内地,我已经说过,耕地不久也变成了私产。

如果德意志征服者接受了耕地和草地的私有制,也就是说,在第一次分配土地的时候,或者其后不久,就放弃了重新分配的办法(仅此而已),那么在另一方面,他们却到处推行他们德意志人的马尔克制度,连同森林和牧场的公共占有制,以及马尔克对已分土地的最高统治权。这样做的,不仅有法兰西北部的法兰克人和英格兰的盎格鲁撒克逊人,而且还有法兰西东部的勃艮第人、法兰西南部和西班牙的西哥特人和意大利的东哥特人及伦巴德人。不过,在最后提到的这几个国家里,据悉只有在高山地区,马尔克制度的痕迹还保存着①。

---

① 在增补第4版中,恩格斯在"只有"前加了"差不多",在"还保存着"前加了"直到今天"。——编者注

　　马尔克制度放弃重新分配耕地的办法以后所采取的形态,就是我们不仅在5到8世纪的古代《民族法》里,而且在英国和斯堪的纳维亚中世纪的法律书籍里,在13到17世纪的许多德意志的马尔克章程(即所谓判例)里①所遇到的那种形态。

　　马尔克公社虽然放弃了在各个社员中间有时重新分配耕地和草地的权利,但对于它在这些土地上的其他权利,却一个也没有放弃。而这些权利都是很重要的。公社把它的田地转交给个人,只是为了把它用作耕地和草地,而不是作其他的用途。除此以外,单个的占有者是没有任何权利的。所以,地下发现的宝藏,如果埋藏的地方深到犁头所不及,那就不属于他,而当初是属于公社的。关于采矿等权利,情形也是一样。所有这些权利,以后都被地主和君主为了自己的利益而侵占了。

　　但是耕地和草地的利用,也要接受公社的监督和调整,其形式如下。凡是实行三年轮作制的地方(差不多到处都实行这种制度),村的全部耕地被分成相等的三大块,其中每一块轮换着第一年用于秋播,第二年用于春播,第三年休耕。所以,一个村每年都有它的秋播地、春播地和休耕地。在分配土地的时候,就要注意到使每一个社员的份地均分在这三块土地上,以使每个人都能不受损失地适应公社的强制轮作制;按照这种制度,他只可以在他自己这块秋播地里进行秋播等等。

　　每一块休耕地,在休耕期间又归公共占有,供整个公社当牧场使用。而其他两块土地,收获一完毕直到下次播种以前,同样又回

——————————
①　在增补第4版中,恩格斯在此处加了"和法兰西北部的习惯法(Coûtumes)"。——编者注

归公共占有,被当做公共牧场使用。草地在秋天割草以后,也是如此。在所有用作放牧的田地上,占有者必须把篱笆拆去。这种所谓强制放牧办法,当然要求播种和收获的时间不由个人决定,而由公社或习惯确定,大家共同遵守。

其他一切土地,即除去家宅和园地或已经分配的村有地以外的一切,和古代一样,仍然是公共财产、共同利用。这里有森林、牧场、荒地、沼泽、河流、池塘、湖泊、道路、猎场和渔场。每一个社员从被分配的马尔克耕地中分到的份地,当初都是大小相等的,同样,他们利用"公共马尔克"的那份权利也是相等的。这种利用方法,由全体社员决定。当一向耕种的土地不够使用,需要从公共马尔克中划出一块土地来耕种的时候,耕地的分配方法也是如此。公共马尔克的主要用途,是放牧牲畜和采摘橡实来喂猪。此外,森林提供木料和燃料、厩舍的垫草、浆果和蘑菇;如果有沼泽地,它就提供泥炭。关于牧场、木材的利用等等的规定,构成了从各个不同时代留传下来的许多马尔克判例的主要内容。这些判例都是当那古老的不成文的习惯法开始变得有争议的时候写下来的。仍然保留下来的公有森林,是这些古老的、没有被分割的马尔克的可怜残余。还有另一种残余至少存在于德国西部和南部,这就是在人民意识中有一种根深蒂固的观念,认为森林是公有的财产,在森林里,每一个人都可以采集花卉、浆果、蘑菇、山毛榉实等等,并且一般地说,只要他不造成损害,他便可以在里面随意行动。可是,就是在这里,俾斯麦也要打主意,用他那有名的关于采集浆果的法令**93**使西部各省符合于旧普鲁士容克的标准。

马尔克社员拥有平等的土地份额和平等的使用权,同样,他们当初也都拥有平等的一份权利参与马尔克内部的立法、行政和司法。他们定期地或如有必要经常地举行露天集会,商定马尔克的事务,审判马尔克中的不法行为和纠纷。这是古老的德意志人的民众大会,只不过是雏形罢了,而民众大会,当初也就是一个大规模的马尔克集会。制定法律(虽然只是在少有的十分必要的情况下),推举公职人员,检查公职人员执行职务的情形,但主要还是审判。主席只能提出问题,判决由到会的全体社员决定。

马尔克制度,在古代,几乎是那些没有君王的德意志部落唯一的制度。旧日的部落贵族(他们在民族大迁徙[94]时代,或在其后不久,没落下去了)以及一切随马尔克制度自然产生的东西,很容易适应这种制度,正如克尔特人的氏族贵族,在 17 世纪还适应爱尔兰的土地公有制一样。这种制度,在德意志人的全部生活里已经扎下了深根,我们在我们民族发展史中,到处都能看到它的痕迹。古代,全部的公共权力,在和平的日子里,只限于司法权力,这种权力由百户、区和整个民族集团的民众大会掌握。但是,民众法庭不过是一个民众的马尔克法庭,它所处理的案件不是单纯马尔克的事务,而且还有属于公共权力范围以内的事情。随着区制度的形成,国家的区法庭和普通的马尔克法庭分开了,但这两种法庭里的司法权,仍保留在人民手里。只有当古老的人民自由已经大部丧失,为法庭服务和服兵役已成为贫穷了的自由民的重担的时候,查理大帝才能在大多数地方的区法庭里,用陪审员法庭①来代替民

---

①　恩格斯在这里加了一个注:"不应把这种陪审员法庭跟俾斯麦—莱昂哈特的陪审员法庭混为一谈[95]。在后一种陪审员法庭里,判决是由陪审员和法律专家共同做出的。在古代的陪审员法庭里,根本没有法律专家,法庭庭长或审判官根本没有表决权,判决是由陪审员独立做出的。"——编者注

众法庭。但这丝毫也没有触动马尔克法庭。相反,它们甚至仍然是中世纪封地法庭的典范。就是在这种法庭里,封地主也仅仅是个提问题的人,判决者则是受封地者自己。村制度无非是一个独立的村马尔克的马尔克制度;村一旦变作城市,也就是说,只要它用壕沟和围墙防御起来,村制度也就变成了城市制度。后来的一切城市制度,都是从这种最初的城市马尔克制度中发展起来的。最后,中世纪无数并不以共同的地产为基础的自由公社的规章,尤其是自由行会的规章,都是模仿马尔克制度的。人们对待赋予行会专门经营某一行业的权利,和对待一个公共的马尔克完全一样。在行会里,也跟在马尔克里一样,总是用同样的热心,甚至往往用完全相同的方法,力求每一社员完全平等地或者尽可能平等地享用共同的收益来源。

马尔克制度在公共生活极不相同的各个领域中,面对各种各样的要求所发挥出的近乎神奇的适应能力,在农业的发展进程中,在同日益发展的大土地所有制的斗争中也表现了出来。马尔克制度是在德意志人定居日耳曼尼亚时候产生的,那时畜牧还是主要的食物来源,从亚洲带来的、几乎被遗忘了的农业刚开始复苏。马尔克制度在整个中世纪时代,都是在和占有土地的贵族的不断的艰苦斗争中生存下来的。但是马尔克制度当时还是非常需要的,因此在贵族把农民土地攫为己有的地方,依附的村的制度依然是马尔克制度(虽然由于地主的侵犯已大为削弱)。关于这一点,我们到下面还要举一个例子。只要公共马尔克仍然存在,马尔克制度就能适应千变万化的耕地占有关系;在马尔克不再是自由的马尔克以后,马尔克制度同样能适应各种极不相同的对于公共马尔克的所有权。马尔克制度所以没落,是因为贵族和僧侣在君主们甘心情愿的支持下,夺去了差不多全部农民土地(不管是分配了的或没有分配的)。但是,马尔克制度在经济上落伍,作为农业经营方式已失去了生命力,这事实上是由于近百年来农业的巨大进步使种地成为一门科学,并引进了全新的经营方式。

马尔克制度的崩溃,在民族大迁徙以后不久就开始了。法兰克的国王们,作为民族的代表,把属于整个民族的辽阔土地,尤其是森林,占为己有,并把它们当作礼物,慷慨地赠送给他们的廷臣、统帅、主教和修道院院长。这些土地就构成了后世贵族和教会的大地产的基础。远在查理大帝以前,教会早就占有法兰西全部土地的整整三分之一。可以肯定,在中世纪,几乎①整个天主教西欧都保持着这样的比例。

连绵不断的国内外战争,其通常结果是土地被没收,这就使大批农民倾家荡产,所以,早在墨洛温时代,就有很多自由人没有土地。查理大帝永无休止的战争破坏了自由农民等级的主力。当初,每一个自由的土地占有者都有服兵役的义务,并且,不但要自理装备,而且在服役期间还要自理6个月的伙食。毫不奇怪,早在查理时代,在五个人中间,连一个真正能服兵役的人也不大能找到了。在他的后继者的混乱统治下,农民的自由更加急速地趋于消亡。一方面,诺曼人的侵扰、国王们无尽无休的战争和豪绅显贵之间的私斗,逼迫自由农民相继寻找保护主。另一方面,这些豪绅显贵和教会的贪得无厌,也加速了这种过程。他们用欺诈、诺言、威胁、暴力,把越来越多的农民和农民土地,置于自己权力控制之下。

---

① "几乎"一词是恩格斯在《社会主义从空想到科学的发展》第2版(1883年霍廷根—苏黎世版)所附本文中增加的,以后的几个版本中仍保留了"几乎"一词。——编者注

不论在前一种场合或后一种场合,农民的土地总是变成了地主的土地,在最好的情形下,也要叫农民缴纳代役租、提供徭役,才归还给农民使用。可是,农民却从自由的土地占有者变成缴纳代役租、提供徭役的依附农民,甚至农奴。在西法兰克王国[96],一般说,在莱茵河以西,这是通常现象。反之,在莱茵河以东,却还存在着相当多的自由农民,他们大多数是散居的,只有少数集聚在整个整个的自由的村里。但是,即使在这里,在10到12世纪,贵族和教会的强大势力,也使越来越多的农民处于受奴役的地位。

一个庄园主(不论是教会的或者世俗的)得到了一块农民土地,他同时也就在马尔克内取得了与这块土地有关的权利。这些新的地主,因此就变成了马尔克社员。他们同其他自由的和依附的社员,甚至同他们自己的农奴,原先在马尔克内只是享有平等的权利。但是不久以后,他们不顾农民的顽强抵抗,在很多地方的马尔克中取得了特权,甚至往往迫使马尔克服从他们地主的统治。不管怎样,旧的马尔克公社仍然继续存在下去,虽然是在地主监护之下。

弗里西安人、尼德兰人、萨克森人和莱茵—法兰克人向勃兰登堡及西里西亚的移民,最清楚不过地表明,那时马尔克制度对于耕作,甚至对于大土地占有,还是多么必要。这些人从12世纪起就在地主的土地上,以村的形式被安置下来,而且是按照德意志的法律,即古代的马尔克法律进行的,只要在地主的庄园上还保留着这种法律。每个人都得到了家宅和园地,从村有地中得到了同样大小的、用抽签的老方法决定的一块份地,每个人都有利用森林和牧场的权利,这多半是地主的森林,专用的马尔克比较少。所有这些都是世袭的。土地所有权还是地主的,移民必须世世代代向地主付一定的代役租,为地主服一定的徭役。但这种赋役很轻,这一带农民的境遇,比德国任何地方都好。因此,当农民战争爆发的时候,他们保持平静。他们这种对切身事业的背弃行为,使他们后来受到了严厉的惩罚。

　　一般说来,在 13 世纪中叶,发生了一种有利于农民的明显的转变。十字军征讨**97**为此做好了准备。许多出征的地主,干脆让他们的农民获得了自由。其他一些地主不在人世了,败落了,数以百计的贵族世家消失了,他们的农民也大多获得了自由。此外随着地主的需要的增加,支配农民的赋役远比支配他们的人身重要。包含着古代奴隶制的许多成分的中世纪初期的农奴制,它给予地主的权利,逐渐失去了价值。农奴制慢慢衰弱下去,农奴的地位日益接近于单纯依附农民的地位。农业的经营完全墨守旧法,庄园主要想增加收入,只有开垦新土地和建立新村。但是,要达到这样的目的,只有同移民好好商量,不管他们是庄园里的依附农民还是外来农民。所以我们看到,在这个时期,对于农民的赋役到处都有严格的规定而且大多是适度的,他们也受到了良好的待遇,尤其是在僧侣的领地里。最后,新吸引来的移民的有利地位,又反过来影响到附近依附农民的处境,以致这些依附农民在整个德国北部,尽管还继续为庄园主提供赋役,但却获得了他们的人身自由。① 然而这一切不会保持长久。

　　到了 14 世纪和 15 世纪,城市迅速勃兴和富裕起来。尤其是在德国南部和莱茵河畔,城市工艺美术兴旺,奢靡之风盛行。城市

---

① 　在增补第 4 版中,恩格斯在这里加了一句话:"只有斯拉夫和立陶宛—普鲁士农民还是不自由的。"——编者注

贵族的豪华生活,使粗食粗衣、陈设简陋的土容克不能安眠。但是,从哪儿去弄到这些好东西呢?拦路抢劫越来越危险,越来越劳而无获。要去购买,就得有钱。钱却只有农民能够供给。于是,就对农民开始了新的压迫,增加代役租和徭役,越来越热衷于再度将自由农民变成依附农民,将依附农民变成农奴,把公有的马尔克土地变成地主的土地。在这些事情上面,君主和贵族得到了罗马法学家的帮助。这些法学家善于把罗马的法律条文,应用到大半他们不了解的德意志的关系中去,制造极度的混乱,但是他们善于这样制造混乱,就是使地主总是占便宜,农民总是吃亏。僧侣们的做法比较简单:他们伪造文件,在文件中缩小农民的权利,扩大农民的义务。为了抵抗君主、贵族和教士们的这种掠夺行为,从 15 世纪末叶起,农民经常分散地发动起义,到了 1525 年,伟大的农民战争席卷了士瓦本、巴伐利亚、法兰克尼亚,一直延伸到阿尔萨斯、普法尔茨、莱茵高和图林根。经过了艰苦的斗争,农民遭受了失败。从那时起,在德意志农民中间,农奴制度重新取得了普遍的优势。在斗争异常激烈的地方,一切还保留着的农民权利,现在都遭到了无耻的践踏,他们的公有地变成了地主的土地,他们自己也变成了农奴。德国北部处境较好的农民,保持了平静,他们得到的回报是,他们遭受了同样的压迫,不过较慢一点罢了。德意志农民的农奴制,在东普鲁士、波美拉尼亚、勃兰登堡、西里西亚,开始实行于 16 世纪中叶,在石勒苏益格—荷尔斯泰因,开始实行于 16 世纪末叶,并且日益普遍地强加到农民身上。

这种新的强暴行动,也还有它的经济原因。在宗教改革时代的斗争中,只有德意志的邦君扩大了权力。贵族们进行抢劫这一高贵行业,已经过时了。如果他们不甘心没落,就必须从他们的地产里榨取更多的收益。不过,唯一的方法是仿效更大的君主、特别是寺院的榜样,自己至少负责经营一部分土地。过去这只是一种例外,现在却成为一种必要。但是,这种新的经营方法遇到了障碍,几乎所有地方的土地都分给了纳租的农民。把自由的或依附的纳租农民变成十足的农奴,老爷们才能获得自主行动的权利。一部分农民,正如专门术语所说的被"肃清(gelegt)",这就是说,不是被撵走,便是沦为只有一间草屋和一小块园地的无地农民(Kotsassen),他们的田庄被合并成一个大规模的地主田庄,由新的无地农民和余下的农民以徭役劳动耕种。这样,不仅有大批农民干脆被赶走,而且留下来的农民所负担的徭役也日益大量地增加。资本主义时期,在农村中是作为以农奴徭役劳动为基础的农业的大规模经营时期,宣告开始的。

不过这种转变,在开头的时候进行得相当缓慢。这时发生了三十年战争[98]。在整整一代人的时间里,德意志到处都遭到历史上最没有纪律的暴兵的蹂躏。到处是烧杀、抢掠和奸淫。有些地方,除大军之外,还有小股的散兵游勇,或者更确切说是土匪,他们各自为政,为所欲为,这些地方的农民受苦最多。到处是一片人去地荒的景象。当和平到来的时候,德意志已经无望地倒在地下,被踩烂撕碎,流着鲜血。然而,受苦最深的,还是农民。

占有土地的贵族,这时成了农村中唯一的主人。君主们恰巧在那时候取消了贵族在等级会议中的政治权利,为此他们便让贵族放手去对付农民。而农民最后的抵抗力,已经为战争所摧毁。这样,贵族就可以把全部农村关系安排得最适于恢复他们已经破产的财政。不但把那已经抛弃的农民田宅,直接跟地主田庄合并起来,而且正是从这个时候起才开始大规模地、系统地肃清农民。

地主的田庄越大,农民的徭役劳动自然也越重。"无限制的徭役"时代又来到了。老爷可以任意命令农民、农民的家属、农民的耕畜出多少次工,干多长的时间。农奴制度现在成了普遍的制度。自由农民像白色的乌鸦一样罕见。老爷为了将农民的任何抵抗,即令是极微弱的抵抗,也能在萌芽状态中加以扑灭,他们从邦君那里取得了领主审判权,也就是说,他们被任命为审判农民任何小过失和小纠纷的唯一法官,甚至在农民和老爷本人争讼的时候,也是一样。于是,老爷就成了他自己案件的法官!从此以后,棍子和鞭子统治着农村。跟整个德国一样,德国农民这时受到最大的屈辱。跟整个德国一样,德国农民也精疲力竭,失去任何自救的能力,只有依靠外援才能得救。

这种外援终于来了。法国革命爆发以后,在德国和德国农民头上也出现了美好时代的曙光。革命军一占领莱茵河左岸,那里的徭役劳动、代役租、对老爷的各种贡赋等一大堆陈腐废物,连同老爷本身,就像被魔杖点了一下似地立即消失了。于是莱茵河左岸的农民便成了自己土地的主人,而且他们还得到了一部在革命时期起草的只不过被拿破仑弄走了样的民法典[46]。这部法典适合他们的新处境,他们不但看得懂,而且还可以方便地带在口袋里。

不过,莱茵河右岸的农民还需要长期等待。不错,普鲁士在耶拿遭到应有的失败[99]以后,若干极端可耻的贵族特权业已废除,而且根据法律,所谓赎免农民的其他赋役也有了可能。不过,这大部分在很长时间内仅仅是一纸空文。在其他的邦中变化更少。直到1830年的法国第二次革命,才开始至少在巴登和靠近法国的其他几个小邦里实行这种赎免。当1848年法国第三次革命终于也带动了德国的时候,普鲁士的赎免还远没有完成,在巴伐利亚境内,还根本没有开始！现在，事情自然进行得快一些。这一次自己也造起反的农民的徭役劳动，已经丧失了一切价值。

赎免是怎么一回事呢？是这么一回事。老爷向农民收取一笔钱或一块地以后，就应该承认农民剩余下来的土地是他的自由的不担负赋役的产业，——尽管过去属于老爷的全部土地，都是窃据的农民土地！不仅如此。在清算的时候，派来办理此事的官吏，他们在老爷那里居住吃喝，当然差不多总是站在老爷一边，所以农民所吃的亏，甚至大大超过了法律条文的规定。

由于三次法国革命和一次德国革命，我们终于又有了自由的农民。但是，我们今天的自由农民，和古代的自由马尔克社员相比，差得多远啊！他们的田庄，一般都小得多。除了少数大大缩小了的、荒芜的公有森林以外，没有分割的马尔克已经消失了。但对小农来说，不利用马尔克就不能养家畜，没有家畜就没有粪肥，没有粪肥就没有合理的耕作。收税官和紧跟在他后面的咄咄逼人的法警，这些今日农民最熟悉不过的人物，都是古代马尔克社员没有听说过的，还有那些从事抵押放款的高利贷者，也是没有听说过的，农民的田宅①现在正一个个地落到他们的魔爪中去。但最妙的是：这批新的自由农民（他们的田地和活动自由被大大缩小），正好出现在一切都进行得太晚的德国，出现在这样一个时代，在这个时代里，不单是科学的农业，而且还有那些新发明的农业机械，日益使小规模的经营变成一种过时的、不再有生命力的经营方式。正如机械的纺织业排斥了手纺车与手织机一样，这种新式

---

① 在增补第4版中，恩格斯将"农民的田宅"（Bauernhof）改为"农民的土地"（Bauerngut）。——编者注

的农业生产方法,一定会无法挽救地摧毁农村的小土地经济,而代之以大土地所有制,——只要给这种生产方法以这样做的必要时间。

因为,处在目前经营形式下的全欧洲农业,已经受到了美洲大规模谷物生产这个占有优势的敌手的威胁。美洲的土地天然适于耕种,天然具有长年的肥力,购买它又花不了几文钱,同这样的土地,不管是我国负债的小农,或者是我国同样债台高筑的大土地占有者,都是无法进行竞争的。全欧洲的农业经营方式,在美洲的竞争下失败了。欧洲农业只有进行社会化经营和依靠社会去经营,才可能继续存在。

这就是我国农民的前景。一个尽管是衰落的自由农民阶级的复兴,却有**这样的**好处:使农民处于这样一种地位,在这个地位上,他们在自己的天然同盟者工人的协助下,能够自己帮助自己,只要他们愿意懂得**怎样做**。①

但是怎样做呢?采用恢复马尔克的方法,但不用其陈旧的过时的形式,而用更新了的形式;采用这样一种更新土地公有制的方法,以便使这种公有制不但能保证小农社员得到大规模经营和采用农业机器的全部好处,而且能向他们提供资金除农业以外去经营利用蒸汽动力或水力的大工业,并且不用资本家,而依靠公社去经营大工业。

经营大农业和采用农业机器,换句话说,就是使目前自己耕种自己土地的大部分小农的农业劳动变为多余。要使这些被排挤出

① 以下三大段文字是恩格斯在 1883 年出版《马尔克》单行本时所作的补充,单行本的书名为:《德国农民。他过去怎样?他现在怎样?他将来会怎样?》。——编者注

田野耕作的人不致没有工作，或不会被迫涌入城市，必须使他们就在农村中从事工业劳动，而这只有大规模地、利用蒸汽动力或水力来经营，才能对他们有利。

这究竟怎样组织呢？德国农民们，好好地想一想吧。在这方面能够帮助你们的，只有**社会民主党人**。

弗·恩格斯写于 1882 年 9 月中—12 月 20 日之间

作为附录载于 1882 年霍廷根—苏黎世版《社会主义从空想到科学的发展》一书

原文是德文

中文根据《马克思恩格斯全集》1988 年历史考证版第 1 部分第 27 卷翻译

注　　释

1　这篇前言写于1880年5月4—5日前后,在这篇前言上署名的是恩格斯这一著作的法文本译者保·拉法格。手稿中有马克思给拉法格的附言,其中说,前言是在他和恩格斯商量以后撰写的,请拉法格"在词句上加以修饰,但是不要修改内容"。——3。

2　《社会主义评论》(La Revue Socialiste)是法国的一家共和社会主义刊物,由贝·马隆创办,后为工团主义和合作社机关刊物。1880年1—4月为月刊,5—9月在巴黎和里昂两地出版半月刊;1885—1914年改在巴黎出版;1880年马克思和恩格斯曾为该杂志撰稿。——3、6。

3　《德法年鉴》(Deutsch-Französische Jahrbücher)是由马克思和阿·卢格在巴黎编辑出版的德文刊物,仅在1844年2月出版过第1—2期合刊;其中刊载有马克思的著作《论犹太人问题》(见《马克思恩格斯文集》第1卷)和《〈黑格尔法哲学批判〉导言》(见《马克思恩格斯选集》第3版第1卷),以及恩格斯的著作《国民经济学批判大纲》(见《马克思恩格斯选集》第3版第1卷)和《英国状况。评托马斯·卡莱尔的〈过去和现在〉》(见《马克思恩格斯全集》中文第2版第3卷)。这些著作标志着马克思和恩格斯完成了从唯心主义向唯物主义、从革命民主主义向共产主义的转变。该杂志由于马克思和资产阶级激进分子卢格之间存在原则分歧而停刊。——3。

4　《北极星报。全国工联的报纸》(The Northern Star, and National Trades' Journal)是英国的一家周报,宪章派(见注58)的机关报;1837年由菲·奥康瑙尔在利兹创刊,名称为《北极星报。利兹总汇报》(The Northern

Star,and Leeds General Advertiser)；1843年9月乔·朱·哈尼参加报纸编辑部；1844年11月起用《北极星报。全国工联的报纸》这一名称在伦敦出版；1843—1849年报纸曾刊登恩格斯的文章、短评和通讯；哈尼离开编辑部后报纸逐步转向反映宪章派右翼的观点；1852年停刊。——3。

5　《新道德世界。合理社会的报纸》（The New Moral World,and Gazette of the Rational Society）是英国的一家周报，空想社会主义者的机关报（1834—1846年）；由罗·欧文创办；1836年曾几度更换副标题；起初在利兹出版，1841年10月起在伦敦出版；1843年11月—1845年5月恩格斯曾为报纸撰稿。——3。

6　德意志共产主义工人协会指布鲁塞尔德意志工人教育协会，该协会是马克思和恩格斯1847年8月底在布鲁塞尔建立的德国工人团体，旨在对侨居比利时的德国工人进行政治教育并向他们宣传科学社会主义思想。在马克思和恩格斯及其战友们的领导下，协会成了团结侨居比利时的德国革命无产者的合法中心，并同佛兰德和瓦隆工人俱乐部保持着直接的联系。协会中的优秀分子加入了共产主义者同盟的布鲁塞尔支部。协会在布鲁塞尔民主协会（见注11）成立过程中发挥了出色的作用。1848年法国资产阶级二月革命（见注10）之后不久，由于协会成员被比利时警察当局逮捕或驱逐出境，协会在布鲁塞尔的活动即告停止。——4。

7　《德意志—布鲁塞尔报》（Deutsche-Brüsseler-Zeitung）是布鲁塞尔德国流亡者创办的报纸，1847年1月3日—1848年2月27日由阿·冯·伯恩施太德主编和出版；起初具有小资产阶级民主主义倾向，后来在马克思和恩格斯的影响下，成为传播革命民主主义思想和共产主义思想的报纸；威·沃尔弗从1847年2月底起，马克思和恩格斯从1847年9月起经常为该报撰稿，并实际领导编辑部的工作。——4。

8　正义者同盟是1836年在巴黎成立的德国工人和手工业者的秘密组织，主要由流亡者同盟中分裂出来的激进分子组成，也有一些其他国家的人参加。随着同盟开展各种合法活动和秘密活动，该组织日益具有国际性。同盟长期受威·魏特林粗陋的平均共产主义的影响，也受"真正的社会主义"和蒲鲁东小资产阶级社会主义的影响。后来在马克思和恩格斯的直接指导下,正义者同盟于 1847 年 6 月初在伦敦举行代表大会,实行了改组,更名为共产主义者同盟(见注 9)。——4。

9　共产主义者同盟是历史上第一个以科学社会主义为指导的无产阶级政党,1847 年在伦敦成立。共产主义者同盟的前身是 1836 年成立的正义者同盟(见注 8),这是一个主要由德国工人和手工业者组成的德国政治流亡者秘密革命组织,后期也有其他国家的人参加。随着形势的发展,正义者同盟的领导成员逐步认识到必须使同盟摆脱旧的密谋传统和方式,并且确信马克思和恩格斯的理论是正确的,遂于 1847 年邀请马克思和恩格斯参加正义者同盟,协助同盟改组。1847 年 6 月,正义者同盟在伦敦召开代表大会,恩格斯出席了大会,按照他的倡议,同盟的名称改为共产主义者同盟,因此这次大会也是共产主义者同盟的第一次代表大会。大会批准了同盟的章程草案,并用"全世界无产者,联合起来!"的战斗口号取代了正义者同盟原来的"人人皆兄弟!"的口号。同年 11 月 29 日—12 月 8 日,同盟召开第二次代表大会,马克思和恩格斯出席了大会。大会通过了同盟的章程,并委托马克思和恩格斯起草同盟的纲领,这就是 1848 年 2 月问世的《共产党宣言》(见《马克思恩格斯选集》第 3 版第 1 卷)。

　　1848 年 2 月法国爆发革命,在伦敦的同盟中央委员会于 1848 年 2 月底把同盟的领导权移交给了以马克思为首的布鲁塞尔区部委员会。3 月初,马克思被驱逐出布鲁塞尔并迁居巴黎。同盟在巴黎成立新的中央委员会,马克思当选为中央委员会主席,恩格斯当选为中央委员。

　　1848 年 3 月下半月至 4 月初,马克思、恩格斯和数百名德国工人(他们多半是共产主义者同盟盟员)回国参加已经爆发的德国革命。马克思和恩格斯在 3 月底写成的《共产党在德国的要求》(见《马克思恩格斯全集》中文第 1 版第 5 卷)是共产主义者同盟在这次革命中的政治纲领。同年 6 月,马克思和恩格斯创办了《新莱茵报》(见注 12),该报成为革命的指导中心。

　　欧洲 1848—1849 年革命失败后,共产主义者同盟进行了改组并继续开展活动。1850 年夏,同盟中央委员会内部在斗争策略问题上发生严重分歧。以马克思和恩格斯为首的中央委员会多数派坚决反对维利希—沙佩尔集团提出的宗派主义、冒险主义的策略,反对该集团无视革命发展的客观规律和欧洲现实政治形势而主张立即发动革命。1850年9月中,维利希—沙佩尔集团的分裂活动最终导致同盟与该集团决裂。1851年5月,由于警察的迫害和大批盟员被捕,共产主义者同盟在德国的活动实际上已陷于停顿。1852年11月17日,科隆共产党人案件宣判后不久,同盟根据马克思的建议宣告解散。

共产主义者同盟在国际工人运动史上起了巨大的作用,它是培养无产阶级革命家的学校,很多共产主义者同盟盟员后来都积极参加了国际工人协会(见注17)的活动。——4。

10　二月革命指1848年2月爆发的法国资产阶级民主革命。代表金融资产阶级利益的"七月王朝"推行极端反动的政策,反对任何政治改革和经济改革,阻碍资本主义发展,加剧对无产阶级和农民的剥削,引起全国人民的不满;农业歉收和经济危机进一步加深了国内矛盾。1848年2月22—24日巴黎爆发革命,推翻了"七月王朝",建立了资产阶级共和派的临时政府,宣布成立法兰西第二共和国。二月革命为欧洲1848—1849年革命拉开了序幕。无产阶级和小资产阶级积极参加了这次革命,但革命果实却落到了资产阶级手里。——4。

11　布鲁塞尔民主协会1847年11月7日成立于布鲁塞尔,协会的成员大多数是比利时的激进的及温和的民主主义者,此外还有法国人、荷兰人、波兰人和瑞士人,以及在布鲁塞尔的德国共产主义者中的积极分子。马克思和恩格斯以及他们所领导的布鲁塞尔德意志工人教育协会(见注6)对该协会的成立起了积极的作用。布鲁塞尔民主协会把无产阶级革命者(其中主要是德国的革命流亡者)和资产阶级以及小资产阶级民主进步分子团结在自己的队伍中。1847年11月15日,马克思当选为该协会的副主席,比利时的民主主义者吕·若特兰被推选为主席。在马克思的影响下,布鲁塞尔民主协会成为国际民主主义运动的中心之一。法国资产阶级二月革命(见注10)时期,民主协会的无产阶级革命势力曾设法武装比利时工人,开展争取建立民主共和国的斗争。但是到1848年3月初,马克思被驱逐出布鲁塞尔以及比利时当局镇压了协会中最革命的分子以后,比利时的资产阶级民主主义者便没有能力领导劳动群众反对君主政体的运动了,民主协会的活动成了纯地方性的活动,到了1849年协会的活动实际上已告停止。——4。

12 《新莱茵报。民主派机关报》(Neue Rheinische Zeitung.Organ der De-
mokratie)是德国无产阶级第一家独立的日报,1848年6月1日—1849
年5月19日在科隆出版;主编是马克思,编辑是恩格斯、威·沃尔
弗、斐·沃尔弗、格·维尔特、恩·德朗克、斐·弗莱里格拉特、约·
亨·毕尔格尔斯等;报纸编辑部作为无产阶级革命运动的领导核心,实
际履行了共产主义者同盟中央委员会的职责;1848年9月26日科隆实
行戒严,报纸暂时停刊;此后在经济和组织方面遇到了巨大困难,马克
思不得不在经济上对报纸的出版负责,为此,他把自己的全部积蓄贡献
出来,报纸终于获得了新生;1849年5月马克思和其他编辑被驱逐或遭
迫害,报纸被迫停刊。1849年5月19日,《新莱茵报》用红色油墨印出
了最后一号即第301号。报纸的编辑在致科隆工人的告别书中说:"无
论何时何地,他们的最后一句话始终将是:工人阶级的解放!"(见《马克
思恩格斯全集》中文第1版第6卷第619页)——4。

13 1849年5月初,在萨克森、莱茵普鲁士、巴登和普法尔茨掀起了维护帝
国宪法的运动。巴登—普法尔茨起义在这一运动中具有极其重要的意
义,两地当时已经成立了临时政府,并组织了自己的武装力量。1849年
6月初,两个普鲁士军团约6万人与一个联邦军团开始对两地起义者实
行武力镇压,法兰克福国民议会对起义者不作任何援助,维护帝国宪法
的运动于1849年7月被镇压下去。

　　这一时期的事件详见恩格斯的著作《德国维护帝国宪法的运动》
(见《马克思恩格斯全集》中文第2版第10卷)。——4。

14 《新莱茵报。政治经济评论》(Neue Rheinische Zeitung. Politisch-
ökonomische Revue)是马克思和恩格斯于1849年12月创办的共产主义
者同盟(见注9)的理论和政治刊物。它是马克思和恩格斯在1848—
1849年革命期间出版的《新莱茵报》(见注12)的续刊。该杂志1850年
3—11月底总共出了六期,其中有一期是合刊(第5—6期合刊)。杂志
在伦敦编辑,在汉堡印刷。封面上注明的出版地点还有纽约,因为马克
思和恩格斯打算在侨居美国的德国流亡者中间发行这个杂志。该杂志
发表的绝大部分文章(论文、短评、书评)都是马克思和恩格斯撰写的。

他们也约请他们的支持者如威·沃尔弗、约·魏德迈、格·埃卡留斯等
人撰稿。该杂志发表的马克思和恩格斯的重要著作有：马克思《1848 年
至 1850 年的法兰西阶级斗争》(见《马克思恩格斯选集》第 3 版第 1
卷)、恩格斯《德国维护帝国宪法的运动》(见《马克思恩格斯全集》中文
第 2 版第 10 卷)和《德国农民战争》(见《马克思恩格斯文集》第 2 卷)。
这些著作总结了 1848—1849 年革命的经验,进一步制定了革命无产阶
级政党的理论和策略。1850 年 11 月,由于反动势力的迫害,加上资金
缺乏,杂志被迫停刊。——4。

15　《人民国家报》(Der Volksstaat)是德国社会民主工党(爱森纳赫派)的中
央机关报,其前身是《民主周报》。1869 年 10 月 2 日—1876 年 9 月 29
日在莱比锡出版,起初每周出两次,1873 年 7 月起每周出三次;创刊时
的副标题是"社会民主工党和工会联合会机关报"(Organ der sozial-de-
mokratischen Arbeiterpartei und der Gewerksgenossenschaften),1870 年 7
月 2 日起改为"社会民主工党和国际工会联合会机关报"(Organ der so-
zial-demokratischen Arbeiterpartei und der Internationalen Gewerksgenos-
senschaften),1875 年 6 月 11 日起又改为"德国社会主义工人党机关报"
(Organ der Sozialistischen Arbeiterpartei Deutschlands);该报反映了德国
工人运动中的革命派的观点,因而经常受到政府和警察的迫害。由于
编辑常被逮捕,致使该报编辑部成员不断更换,但报纸的领导权始终掌
握在威·李卜克内西手里。主持《人民国家报》出版社的奥·倍倍尔在
该报中起了很大的作用。马克思和恩格斯从该报创刊起就为它撰稿,
经常给编辑部提供帮助和指导,使这家报纸成了 19 世纪 70 年代优秀的
工人报刊之一。

　　根据 1875 年哥达代表大会(见注 27)的决定,从 1876 年 10 月 1 日
起,开始出版德国社会主义工人党的统一的中央机关报《前进报》(见注
16),以代替《人民国家报》和《新社会民主党人报》。反社会党人非常
法(见注 22)实行以后,《前进报》于 1878 年 10 月 27 日停刊。——5。

16　《前进报。德国社会民主党中央机关报》(Vorwärts. Central-Organ der
Socialdemokratie Deutschlands)1876 年 10 月 1 日—1878 年 10 月 27 日
在莱比锡出版,每周出三次,同时出版学术附刊和附刊;编辑是威·哈
森克莱维尔和威·李卜克内西;马克思和恩格斯经常帮助报纸编辑部;

1877—1878年报纸以及它的学术附刊和附刊刊登了恩格斯的著作《反杜林论》;反社会党人法(见注22)颁布以后报纸被迫停刊;它的续刊为反社会党人法期间在国外出版的《社会民主党人报》(Der Sozial-demokrat)(见注19)。——5、12。

17 国际工人协会简称国际,后通称第一国际,是无产阶级第一个国际性的革命联合组织,1864年9月28日在伦敦成立。马克思参与了第一国际的创建,是它的实际领袖,恩格斯参加了国际后期的领导工作。在马克思和恩格斯的指导下,第一国际领导了各国工人的经济斗争和政治斗争,积极支持了被压迫民族的解放运动,坚决地揭露和批判了蒲鲁东主义、巴枯宁主义、拉萨尔主义、工联主义等机会主义流派,促进了各国工人的国际团结。第一国际在1872年海牙代表大会以后实际上已停止了活动,1876年7月15日正式宣布解散。第一国际的历史意义在于它"奠定了工人国际组织的基础,使工人做好向资本进行革命进攻的准备"(见《列宁选集》第3版修订版第3卷第790页)。——5。

18 这篇序言是恩格斯为他的著作《社会主义从空想到科学的发展》德文第一版写的。该版于1883年3月在霍廷根—苏黎世出版(扉页上标的日期是1882年),同年又出版了德文第二版和第三版。——6。

19 《社会民主党人报。德语区社会民主党的机关报》(Der Sozialdemokrat. Organ der Sozialdemokratie deutscher Zunge)是反社会党人法时期德国社会民主党在国外出版的德文周报,1879年9月—1888年9月在苏黎世出版,1888年10月—1890年9月27日在伦敦出版;1879—1880年编辑是格·福尔马尔,1881—1890年编辑是爱·伯恩施坦;马克思、恩格斯、奥·倍倍尔和威·李卜克内西为之撰稿,在他们的影响下报纸成为国际工人运动最主要的革命报纸,为德国社会民主党战胜反社会党人法作出了重大贡献。——6。

20 根据伊·康德的星云假说,太阳系是从原始星云(拉丁文:nebula——雾)发展而来的。康德在1755年柯尼斯堡和莱比锡出版的那本划时代的著作《自然通史和天体论,或根据牛顿原理试论宇宙的结构和机械起源》中阐述了这一假说。这本书是匿名出版的。

皮·拉普拉斯关于太阳系的构成的假说最初是在法兰西共和四年（1795—1796年）在巴黎出版的《宇宙体系论》第1—2卷最后一章中阐述的。在他生前编好，死后即1835年出版的此书的最后一版（第6版）中，这个假说是在第七个注中阐述的。——7。

21 这篇序言是恩格斯为他的著作《社会主义从空想到科学的发展》德文第四版写的。该版于1891年在柏林出版。第四版是恩格斯生前以德文印刷的最后一版。——9。

22 反社会党人法或非常法，即反社会党人非常法，是俾斯麦政府在帝国国会多数的支持下于1878年10月19日通过并于10月21日生效的一项法律，其目的在于反对社会主义运动和工人运动。这项法律将德国社会民主党置于非法地位，党的一切组织、群众性的工人组织被取缔，社会主义的和工人的刊物被查禁，社会主义文献被没收，社会民主党人遭到镇压。但是，社会民主党在马克思和恩格斯的积极帮助下战胜了自己队伍中右的和"左"的机会主义倾向，得以在非常法生效期间正确地把地下工作同利用合法机会结合起来，大大加强和扩大了自己在群众中的影响。在日益壮大的工人运动的压力下，反社会党人非常法于1890年10月1日被废除。——9、37。

23 恩格斯提到的对《社会主义从空想到科学的发展》最初文本的两处补充，见本书第781—782页和808—809页。——10。

24 这篇导言是恩格斯为他的著作《社会主义从空想到科学的发展》的英文版写的。《社会主义从空想到科学的发展》的英文版1892年在伦敦出版，译者是爱·艾威林，书名是《空想社会主义和科学社会主义》。1892年6月，恩格斯把这篇导言译成德文，并于7月寄给《新时代》杂志，发表在该杂志1892—1893年第11年卷第1册第1期和第2期，标题是《论历史唯物主义》。杂志编辑部在发表这篇导言时，删去了前面的七段。导言的个别部分曾以《资产阶级对封建主义的三次会战》、《工人政党》为标题，用法文发表于1892年12月4日、11日和25日，1893年1月1日和9日《社会主义者报》第115、116、118、119、120号。——11。

25 1869年8月7—9日在德国爱森纳赫举行了德国、奥地利和瑞士社会民主主义者全德代表大会。会上成立了德国无产阶级的独立的革命政党德国社会民主工党,即爱森纳赫党或爱森纳赫派。该党的领导人是奥·倍倍尔和威·李卜克内西。党的领导机构是由五人组成的执行委员会,会址设在不伦瑞克,通称不伦瑞克委员会。另有十一人组成的监察委员会负责对执行委员会的工作进行检查,会址设在维也纳。这次代表大会通过的纲领,即爱森纳赫纲领,总的来说是符合国际工人协会共同章程的精神的。该党成为国际工人协会的一个支部。——11。

26 拉萨尔派是19世纪60—70年代德国工人运动中的机会主义派别,斐·拉萨尔的信徒,主要代表人物是约·巴·施韦泽、威·哈森克莱维尔、威·哈赛尔曼等。1863年5月23日在莱比锡各工人团体代表大会上成立"全德工人联合会"。从成立时起,全德工人联合会就深受力图使工人运动按改良主义道路发展的拉萨尔及其追随者的影响。拉萨尔派反对暴力革命,认为只要进行议会斗争,争取普选权,就可以把普鲁士君主国家变为"自由的人民国家";主张在国家帮助下建立生产合作社,把资本主义和平地改造为社会主义;支持普鲁士政府通过王朝战争自上而下地统一德国的政策。

　随着国际工人协会(见注17)的成立,全德工人联合会的拉萨尔派领导人所奉行的机会主义策略成了在德国建立真正工人政党的障碍。马克思和恩格斯始终不渝地同拉萨尔主义进行斗争,到70年代初,先进的德国工人抛弃了拉萨尔主义。1875年5月在哥达代表大会上,全德工人联合会同爱森纳赫派实行合并,合并后的党名为德国社会主义工人党。——11。

27 指1875年5月22—27日在德国哥达召开的代表大会,会上当时德国工人运动中存在的两个派别,即由威·李卜克内西和奥·倍倍尔于1869年在爱森纳赫建立并由他们领导的德国社会民主工党(爱森纳赫派)和由威·哈森克莱维尔、威·哈赛尔曼和卡·特耳克领导的全德工人联合会(拉萨尔派)实现了合并,合并后的党命名为德国社会主义工人党。——11。

28 指欧·杜林《哲学教程——严格科学的世界观和生命形成》1875年莱比锡版。

　　杜林《国民经济学和社会经济学教程,兼论财政政策的基本问题》
1876 年莱比锡第 2 版。该书第 1 版于 1873 年在柏林出版。

　　杜林《国民经济学和社会主义批判史》1875 年柏林第 2 版。该书第
1 版于 1871 年在柏林出版。——12。

29　复本位制是金银两种金属同时起货币作用的币制。——12。

30　扎德鲁加(Zádruga)是古代南方斯拉夫人、凯尔特人的家长制家庭公社,
　　这种公社包括几个或十几个在血缘、经济、土地上有联系的家庭,大家
　　共同生产,共同消费。19 世纪后半期扎德鲁加逐渐解体。——13。

31　《资本论》第一卷的第一个英译本是由赛·穆尔和爱·艾威林翻译,由
　　恩格斯校订的,于 1887 年出版。——13。

32　唯名论者是中世纪哲学的一个派别。该派认为,一般的类概念只是名
　　字,即人的思维和语言的产物,它们只能用来表明现存的单个事物。同
　　中世纪的实在论者相反,唯名论者认为概念不是产生事物的原型,不是
　　创造事物的源泉。因此,他们承认事物的第一性和概念的第二性。在
　　这个意义上,唯名论是中世纪唯物主义的最初表现。——14。

33　按照古希腊哲学家阿那克萨哥拉的观点,种子是可以无限分割的、具有
　　质的规定性的极小的物质粒子;种子是万物的本源,它们的结合构成各
　　种不同的物体。——15。

34　自然神论是一种推崇理性原则,把上帝解释为非人格的始因的宗教哲
　　学理论,曾是资产阶级反对封建制度和正统宗教的一种理论武器,也是
　　无神论在当时的一种隐蔽形式。这种理论反对蒙昧主义和神秘主义,
　　认为上帝不过是“世界理性”或“有智慧的意志”,上帝在创世之后就不
　　再干预世界事务,而让世界按它本身的规律存在和发展下去。在封建
　　教会世界观统治的条件下,自然神论者往往站在理性主义的立场上批
　　判中世纪的神学世界观,揭露僧侣们的寄生生活和招摇撞骗的行为。
　　——16、26。

35　参看《马克思恩格斯文集》第 1 卷第 330—332 页。恩格斯将引文从德
　　文译成英文时做了不少修改。——16。

36 指西班牙王位继承战争(1701—1714年)和七年战争(1756—1763年)。

西班牙王位继承战争(1701—1714年)是以法国、西班牙为一方，以英国、荷兰、奥地利、普鲁士以及德意志皇帝为首的其他若干德意志邦为另一方之间进行的争夺西班牙王位继承权的战争。这场西班牙王位的各种追求者之间的王朝战争，实际是西欧国家为瓜分已经衰落的封建西班牙在欧洲的领地和它的殖民地的斗争以及英、法为争夺海上霸权和殖民地而进行的斗争。法王路易十四力图吞并西班牙君主国，而在西班牙哈布斯堡王朝断绝了男嗣以后，达到了选自己的孙子菲力浦·波旁继承西班牙王位的目的。英国、奥地利和哈布斯堡王朝(这个王朝的代表是德意志皇帝)、荷兰、萨瓦公国、葡萄牙、普鲁士和德意志其他各邦就结成同盟反对法国和西班牙。战争是在四个地区即意大利、西班牙、德国西部和西南部以及尼德兰进行的。它的结果是西班牙帝国的部分领土被瓜分，法国弄得民穷财尽。根据乌得勒支和约和拉施塔特和约，法国国王必须放弃法兰西君主国和西班牙君主国合并的计划，虽然西班牙王位已保留给菲力浦·波旁；在尼德兰和意大利的西班牙领地交给奥地利哈布斯堡王朝。萨瓦公国得到了西西里岛、蒙费拉托以及米兰公爵的一部分土地；萨瓦大公于1713年取得了国王的称号。在战争中获利最多的英国达到了削弱法国在海上和殖民地的势力的目的，获得了直布罗陀、梅诺尔卡岛屿以及在北美的一些法国殖民地，而且有把黑奴贩运到西班牙殖民地的权利。

七年战争是1756—1763年欧洲两个国家联盟之间的战争，一方是英国和普鲁士，另一方是法国、俄国、奥地利、萨克森和瑞典。这场战争反映了欧洲各封建大国之间的利益冲突。英法之间主要是为了争夺对北美和亚洲殖民地的统治权；普奥之间主要是为了占领西里西亚。1763年，七年战争以缔结巴黎和约和胡贝图斯堡和约而告结束。根据巴黎和约，法国被迫将其最大的殖民地(加拿大以及在东印度的几乎所有领地)割让给英国，英国因此而增强了其在殖民地和海上的实力。俄国的势力也有所增强。普鲁士、奥地利和萨克森恢复了战前的疆界。普鲁士得到了西里西亚，并确立了其在中欧的霸权地位，与之相反，奥地利却因为战争削弱了自己的实力。——17。

37 浸礼会是基督教新教主要宗派之一。17世纪初期产生于英国及流亡荷兰的清教徒中,原属清教徒分离派。该派强调洗礼时受洗者必须全身浸入水中(浸礼),坚持教徒成年后才可受洗,反对给婴儿施洗;认为每个基督徒都是圣徒,主张各教堂独立自主,重视传教活动。——18。

38　救世军是基督教新教的一个社会活动组织,1865 年由传教士威·蒲斯创立于伦敦。1878 年该组织模仿军队编制,教徒称"军兵",教士称"军官";1880 年正式定名为"救世军"。该组织着重在下层群众中开展慈善活动,并吸收教徒。在资产阶级的大力支持下,该组织开展广泛的宗教活动,并建立了一整套慈善机构。——18、33。

39　指 1522—1523 年的德国贵族起义和 1524—1525 年的德国农民战争。恩格斯在《德国农民战争》(见《马克思恩格斯文集》第 2 卷)中对这两次战争作了阐述。——23。

40　16 世纪欧洲宗教改革运动时期,著名宗教改革活动家让·加尔文(1509—1564 年)创立了加尔文教,这是基督教新教流派之一。该教派的教义是"绝对先定"和人的祸福神定的学说。根据这种学说,一部分人是由上帝先定为可以得救的(选民),另一部分人则是永定为受惩罚的(弃民)。加尔文教严格奉行的宗教信条完全符合当时资产阶级的要求。——23。

41　"光荣革命"指英国 1688 年政变。这次政变驱逐了斯图亚特王朝的詹姆斯二世,宣布荷兰共和国的执政者奥伦治的威廉三世为英国国王。从 1689 年起,在英国确立了以土地贵族和大资产阶级的妥协为基础的立宪君主制。这次没有人民群众参加的政变被资产阶级史学家称做"光荣革命"。——24。

42　蔷薇战争亦称玫瑰战争,是 1455—1485 年在英国约克家族和兰开斯特家族之间为争夺王位而进行的战争。约克家族的族徽上饰有白色蔷薇,兰开斯特家族的族徽上则饰有红色蔷薇。站在约克家族一方的有经济比较发达的南部的一部分大封建主,以及骑士和市民阶层;支持兰开斯特家族的则是北部诸郡的封建贵族。这场家族之间自相残杀的战争几乎使古老的封建家族消灭殆尽,其后英国建立了新的都铎王朝,并实行专制政体。——25。

43 强壮而心怀恶意的小伙子是托·霍布斯的用语,见他所著《论公民》一书序言。该书于 1642 年在巴黎写成,1647 年在阿姆斯特丹刊印,最初流传的是手抄本。——26。

44 笛卡儿派指 17—18 世纪笛卡儿哲学的继承者。笛卡儿在形而上学方面有唯心主义倾向,在物理学方面是唯物主义者,因此,其追随者分裂为两个对立的学派。一派发展了笛卡儿物理学机械论自然观,成为唯物主义者;另一派则发展了笛卡儿形而上学中关于上帝与灵魂的学说,成为彻底的唯心主义者。——26。

45 指 1789 年 8 月 26 日法国制宪议会通过的《人权和公民权宣言》,其中阐明了新的资产阶级制度的政治原则,宣布拥有自由和财产等是每个人天赋的、不可剥夺的权利。1791 年的法国宪法包括了这篇宣言。1793 年的雅各宾派《人权和公民权宣言》就是根据 1789 年这篇宣言起草的;1793 年这篇宣言被作为导言放在 1793 年国民公会通过的法国第一部共和国宪法之前。——27。

46 指在拿破仑统治时期于 1804 年通过并以《拿破仑法典》著称的民法典,这里还广义地指 1804—1810 年拿破仑第一统治时期通过的五部法典:民法典、民事诉讼法典、商业法典、刑法典和刑事诉讼法典。这些法典曾沿用于拿破仑法国所占领的德国西部和西南部,在莱茵地区于 1815 年归并于普鲁士以后仍然有效。恩格斯称法兰西民法典为“典型的资产阶级社会的法典”(见《马克思恩格斯选集》第 3 版第 4 卷第 259 页)。——27、100。

47 指英国小资产阶级激进阶层和资产阶级知识分子对 18 世纪末法国资产阶级革命所采取的同情态度。这些人是联合在伦敦革命协会,主要是联合在伦敦和英国其他各大城市通讯协会中的法国革命的拥护者(在协会的组织者和参加者中有工人阶级的代表),他们曾宣传革命思想,提出实现普选权和其他民主改革的要求。各通讯协会都曾遭到英国寡头政治执政者的迫害。——28。

48 恐怖时代指雅各宾派的革命民主专政时期(1793 年 6 月—1794 年 7 月),当时雅各宾派为了对付吉伦特派和保皇派的反革命恐怖实行了革命的恐怖。——28、40。

49 指选举法改革法案。选举法改革法案于 1831 年由英国下院通过,1832年 6 月由上院最后批准。这次改革削弱了土地贵族和金融贵族的政治垄断,加强了工业资产阶级在议会中的地位。但是,由于财产资格的限制,为争取选举制度改革而斗争的主力军工人和手工业者仍未获得选举权。——29。

50 1846 年 6 月英国通过了废除谷物法的法案。英国的谷物法规定了高额的谷物进口关税,旨在限制或禁止从国外输入谷物。此项法律是为了维护大土地占有者的利益从 1815 年起实施的。谷物法的实施引起了工业资产阶级和土地贵族之间的斗争,这场斗争是由曼彻斯特的两个纺织厂主理·科布顿和约·布莱特于 1838 年创立的反谷物法同盟(见注 53)领导的,反谷物法的工业资产阶级在自由贸易的口号下取得了胜利,议会于 1846 年 6 月 26 日通过了《关于修改进口谷物法的法令》和《关于调整某些关税的法令》,从而废除了谷物法。法令的实施以及由此引起的谷物价格的下跌,虽然使生活费用有所减低,但归根结底还是降低了工人的工资,增加了资产阶级的利润。谷物法的废除沉重地打击了土地贵族,促进了英国资本主义进一步发展。——29。

51 1824 年在群众性的工人运动的压力下,英国议会被迫通过一项法令,废除了禁止工人结社的有关法律。1825 年,议会通过了结社法(亦称工人联合法),这项法律重申废除禁止工会的决定,但是却对工会的活动严加限制。即便仅仅为工人结社和参加罢工进行鼓动都被视为"强制"和"暴力"行为而以刑事罪论处。——29。

52 人民宪章是英国宪章运动(见注 58)的纲领性文件,1837 年由下院六名议员和六名伦敦工人协会会员组成的一个委员会提出,并于 1838 年 5 月 8 日作为准备提交议会的一项草案在各地群众大会上公布。人民宪章包括宪章派的下列六项要求:普选权(年满 21 岁的男子)、议会每年改选一次、秘密投票、各选区一律平等、取消议会议员候选人的财产资格限制,以及发给议员薪金。1839、1842 和 1849 年,议会三次否决了宪章派递交的要求通过人民宪章的请愿书。——29。

53 反谷物法同盟是英国工业资产阶级的组织,由曼彻斯特的两个纺织厂主理·科布顿和约·布莱特于 1838 年创立。谷物法是英国政府为维护大土地占有者的利益,从 1815 年起实施的旨在限制或禁止从国外输入谷物的法令。同盟要求贸易完全自由,废除谷物法,其目的是为了降低国内谷物价格,从而降低工人工资,削弱土地贵族的经济和政治地位。同盟在反对大土地占有者的斗争中曾经企图利用工人群众,宣称工人和工厂主的利益是一致的。但是,就在这个时候,英国的先进工人展开了独立的、政治性的宪章运动。1846 年谷物法废除(见注 50)以后,反谷物法同盟宣布解散。实际上,同盟的一些分支机构一直存在到 1849 年。——29。

54 乔纳森大哥是英属北美殖民地独立战争(1775—1783 年)期间英国人给北美人起的绰号。——30。

55 奋兴派亦称教会复兴派,是英美等国新教教会中的一个流派。19 世纪产生于美国清教徒移民中,不久又传到英国。该派的信徒力图通过宗教说教和组织新的信仰者团体来巩固并扩大基督教的影响。奋兴派有时也泛指各种谋求恢复教会旧日威势的派别。——30。

56 1851 年 12 月 2 日波拿巴派发动政变,并于 1852 年 12 月 2 日在法国建立了第二帝国(1852—1870 年)的波拿巴政体。第二帝国又称十二月帝国。——30。

57 指 1867 年德比—迪斯累里的保守党政府实行的议会改革。1867 年,英国在群众性工人运动的压力下实行了第二次议会改革。国际工人协会总委员会积极参加了争取改革的运动。这次改革使英国选民数目增加了一倍多,一部分熟练工人也获得了选举权。——32。

58 宪章运动是 19 世纪 30—50 年代中期英国工人的政治运动,其口号是争取实施人民宪章(见注 52)。人民宪章要求实行普选权并为保障工人享有此项权利而创造种种条件。宪章派的领导机构是宪章派全国协会,机关报是《北极星报》,左翼代表人物是乔·朱·哈尼、厄·琼斯等。宪章运动在 1839、1842 和 1848 年出现三次高潮,宪章运动领导人试图通过向下院提交全国请愿书的方式迫使政府接受人民宪章,但均遭到下院否决。19世纪50年代末,宪章派全国协会停止活动,宪章运动即告结束。恩格斯称宪章派是"近代第一个工人政党"(见本书第29页)。列宁指出,宪章运动是"世界上第一次广泛的、真正群众性的、政治上已经成型的无产阶级革命运动"(见《列宁全集》中文第2版第36卷第292页)。——32、58。

59 辉格党是英国的政党,于17世纪70年代末80年代初形成。1679年,就詹姆斯公爵(后来的詹姆斯二世)是否有权继承王位的问题,议会展开了激烈的争论。反对詹姆斯拥有王位继承权的一批议员被敌对的托利党人讥称为辉格。辉格(Whig)为苏格兰语,原意为盗马贼。辉格党代表工商业资产阶级以及新兴的资本主义农场主的利益,曾与托利党轮流执政;19世纪中叶,辉格党内土地贵族的代表和保守党的皮尔派以及自由贸易派一起组成自由党,从此自由党在英国两党制中取代了辉格党的位置。——32。

60 托利党是英国的政党,于17世纪70年代末80年代初形成。1679年,就詹姆斯公爵(后来的詹姆斯二世)是否有权继承王位的问题,议会展开了激烈的争论。拥护詹姆斯继承王位的议员,被敌对的辉格党人讥称为托利。托利(Tory)为爱尔兰语,原意为天主教歹徒。托利党坚持反动的对内政策,维护国家制度中保守和腐朽的体制,反对国内的民主改革,曾与辉格党轮流执政。随着英国资本主义的发展,托利党逐渐失去它先前的政治影响和在议会中的垄断权。1832年议会改革使资产阶级代表人物进入议会。1846年废除谷物法(见注50),削弱了英国旧土地贵族的经济基础并造成了托利党的分裂。19世纪50年代末60年代初,在老托利党的基础上成立了英国保守党。——32。

61 1884年,英国在农村地区群众运动的压力下实行了第三次议会改革。经过这次改革,1867年为城市居民规定的享有投票权的条件,也同样适用于农村地区。第三次选举改革以后,英国相当大一部分居民——农村无产阶级、城市贫民以及妇女,仍然没有选举权。秘密投票于1872年实行。——32。

62 讲坛社会主义是19世纪70—90年代一个资产阶级思想流派。该派的代表人物主要是德国的大学教授,他们在大学的讲坛上宣扬资产阶级改良主义。讲坛社会主义的代表有阿·瓦格纳、古·施穆勒、路·布伦坦诺、卡·毕歇尔、韦·桑巴特等人。他们认为国家是超阶级的组织,鼓吹资产阶级和无产阶级之间的阶级和平,主张不触动资本家的利益,逐步实行"社会主义"。因此,讲坛社会主义的纲领仅局限于提出一些社会改良措施,如设立工人疾病和伤亡事故保险等,其目的在于削弱阶级斗争,消除革命以及社会民主党人的影响,使工人同反动的普鲁士国家和解。马克思和恩格斯对讲坛社会主义进行了坚持不懈的斗争,揭露了它反动和反科学的性质。——33。

63 崇礼派是产生于19世纪30年代的英国国教会中倾向于罗马天主教的一个流派,因其创始人之一是牛津大学神学家皮由兹,故更流行的名称为皮由兹教派。该派的信徒号召在英国国教中恢复天主教的仪式(崇礼派即因此而得名)和天主教的某些教义。当时的英国贵族为了保持自己在国内的地位,竭力抵制大部分属于各新教教派的工业资产阶级的影响,因此,该教派的产生实际上是英国贵族反对工业资产阶级的斗争在宗教上的反映。——33。

64 指路·布伦坦诺关于英国工联的论著。布伦坦诺竭力称赞英国的工联是工人阶级组织的典范,可以在资本主义条件下使工人阶级状况得到根本的改善,并摆脱资本主义剥削。按照布伦坦诺和其他讲坛社会主义者(见注62)的观点,组织得很好的工会可以取代工人政党,工人阶级的政治斗争也成为多余的了。

　　恩格斯在《布伦坦诺攻击马克思》(见《马克思恩格斯全集》中文第1版第22卷)一文中揭露了这种观点的虚伪性及其阶级实质。——34。

65 社会契约是让·雅·卢梭提出的政治理论。按照这一理论,人们最初生活在自然状态下,人人都享有平等的权利;私有财产的形成和不平等的占有关系的发展决定了人们从自然状态向市民状态的过渡,并导致以社会契约为合法基础的国家的形成。社会契约的目的是达到每个结合者的平等和自由。政治上的不平等的进一步发展破坏了这种社会契约,导致某种新的自然状态的形成;为了消除这一自然状态,必须建立以某种新的社会契约为基础的理性国家。

卢梭在 1755 年阿姆斯特丹版的《论人间不平等的起源和原因》以及 1762 年阿姆斯特丹版的《社会契约论,或政治权利的原则》这两部著作中详细阐述了这一理论。——37。

66 再洗礼派是欧洲中世纪基督教的一个教派。该派不承认为婴儿所施的洗礼,主张成年后须再次受洗。该派在 16 世纪宗教改革运动中出现在德国、瑞士和荷兰等地。其主要成员为农民和城市平民,他们仇视封建制度及其支柱天主教,信仰宣传基督复临并在世上建立公正、平等和幸福的"千年王国"的宗教神秘主义学说。该派中一部分人主张财产公有,反对贵族、地主和教会的封建土地占有制度,积极参加了 1524 — 1525 年的德国农民战争,后来被统治阶级残酷镇压。——38。

67 指"真正平等派",又称"掘地派"。他们是 17 世纪英国资产阶级革命时期的激进派,代表城乡贫民阶层的利益,要求消灭土地私有制,宣传原始的平均共产主义思想,并企图通过集体开垦公有土地来实现这种思想。——38。

68 这里首先是指空想共产主义的代表人物托·莫尔的著作《乌托邦》(1516年出版)和托·康帕内拉的著作《太阳城》(1623 年出版)。——38。

69 督政府是法国资产阶级共和制政府,由五名督政官组成,每年改选一人。它是根据雅各宾派革命专政于 1794 年失败后通过的 1795 年宪法建立的。督政府支持反对民主力量的恐怖制度,并维护大资产阶级的利益。它执行的政策摇摆不定,导致政局动荡,内忧外患迭起,最后在1799 年拿破仑·波拿巴雾月十八日政变中被推翻。——40。

70 新拉纳克是苏格兰拉纳克城附近的一个棉纺厂,创办于 1784 年,在工厂周围形成了一个小镇。——41。

71 指《昂·圣西门给一个美国人的信》第八封信中的一段话。这些信载于昂·圣西门论文集《实业,或为贡献出有用和独立的劳动的一切人的利益所作的政治、道德和哲学的议论》1817 年巴黎版第 2 卷。——44。

72 参看昂·圣西门和他的学生奥·梯叶里合著的两本书:《论欧洲社会的改组,或论欧洲各民族在保持各自的民族独立性的条件下联合为一个政治统一体的必要性和手段》1814 年 10 月巴黎版和《关于应当用来对付 1815 年同盟的措施的意见》1815 年巴黎版。

　　1814 年 3 月 31 日第六次反法同盟参加国（俄国、奥地利、英国、普鲁士等国）的军队进入巴黎。拿破仑帝国垮台，拿破仑本人宣布退位后被流放到厄尔巴岛。

　　百日指拿破仑恢复帝制的短暂时期，自 1815 年 3 月 20 日他率军从流放地厄尔巴岛重返巴黎执政时起，到同年 6 月 18 日在滑铁卢会战失败后 6 月 22 日再次退位时止。——44。

73 1815 年 6 月 18 日，拿破仑的军队在滑铁卢（比利时）会战中被威灵顿指挥的英荷联军及格·布吕歇尔指挥的普鲁士军队击败。这次会战在 1815 年的战局中起了决定性的作用，它预示了第七次反法同盟（英国、俄国、奥地利、普鲁士、瑞典、西班牙等国）的彻底胜利和拿破仑帝国的崩溃。——44。

74 这一思想在沙·傅立叶《关于四种运动和普遍命运的理论》中已作过阐述，该书包含这样一个总的论点："某一时代的社会进步和变迁是同妇女走向自由的程度相适应的，而社会秩序的衰落是同妇女自由减少的程度相适应的。"傅立叶把这个论点概括为："妇女权利的扩大是一切社会进步的基本原则。"（见《傅立叶全集》1841 年巴黎版第 1 卷第 195—196 页）——45。

75 1815 年 1 月，罗·欧文在英国格拉斯哥的一次会议上提出了一系列改善童工和成年工人状况的措施，遭到工厂主们的反对。根据 1815 年 6 月欧文的倡议提出的法案直到 1819 年 7 月才被议会通过形成法律，而且还大大地打了折扣。调整棉纺厂劳动的法律禁止 9 岁以下的儿童做工，限定 16 岁以下的工人的工作日为 12 小时，规定所有工人有两次工间休息作为早饭和午饭的时间，共一个半小时。——49。

76 1833 年 10 月，由罗·欧文主持在伦敦举行了合作社和职工会的代表大会，会上正式成立了大不列颠和爱尔兰全国工会大联盟；联盟的章程于 1834 年 2 月被通过。按照欧文的想法，这个联盟应当把生产管理的权力掌握在自己手中，并且通过和平的途径实现对社会的彻底改造。但是这个空想的计划遭到失败。由于资产阶级社会和国家的强烈反对，该联盟于 1834 年 8 月宣告解散。——50。

77　劳动市场即劳动产品公平交换市场，是由英国各城市的工人合作社创办的。第一个这样的交换市场由罗·欧文于 1832 年 9 月在伦敦创办，一直存在到 1834 年。在劳动产品公平交换市场上，劳动产品用以一小时劳动时间为单位的劳动券进行交换。这种企图在资本主义商品经济条件下不用货币进行交换，并和平过渡到社会主义的乌托邦做法，很快就遭到失败。——50。

78　指蒲鲁东于 1849 年 1 月 31 日尝试成立的人民银行。他打算借助这个银行通过和平的途径实现他的"社会主义"，即消灭信贷利息，在生产者获得自己劳动收入的全部等价物的基础上进行没有货币的交换。这个银行在开始正常业务活动之前就于 4 月初宣告关闭。——50。

79　德·狄德罗的对话《拉摩的侄子》写成于 1762 年前后，后又经作者修改了两次，但作者生前没有出版。最初由歌德译成德文于 1805 年在莱比锡出版。根据德译本翻译过来的法文版，被收入 1821 年巴黎版《狄德罗轶文集》，该文集实际上 1823 年才出版。——52。

80　亚历山大里亚时期是指公元前 3 世纪到公元 7 世纪时期。这个时期因埃及的一个港口城市亚历山大里亚（位于地中海沿岸）成了当时国际经济关系最大中心之一而得名。在这一时期，许多科学，如数学和力学（欧几里得和阿基米德）、地理学、天文学、解剖学、生理学等等，都获得了很大的发展。——53。

81　康德—拉普拉斯星云假说见注 20。

宇宙空间存在着类似康德—拉普拉斯星云假说所设想的原始星云的炽热的气团，是由英国天文学家威·哈金斯于 1864 年用光谱学方法证实的，他在天文学中广泛地运用了古·基尔霍夫和罗·本生在 1859 年发明的光谱分析法。恩格斯在这里参考了安·赛奇《太阳》1872 年不伦瑞克版第 787、789—790 页。——56。

82　1831 年初，法国丝织业中心里昂的工人掀起了一场以要求提高工价为主要目标的运动,工人多次举行集会、请愿、游行。10月间,与包买商谈判达成最低工价协议。但随后在七月王朝商业大臣的支持下,包买商撕毁协议。1831年11月21日,工人举行抗议示威,与军警发生冲突,随后转为自发的武装起义。工人一度占领里昂城。起义很快遭七月王朝政府镇压。——58。

83 指恩格斯所著《马尔克》一文,见本书第85—103页。

马尔克公社是在原始共产主义基础上形成的农村公社组织,是古代日耳曼人从氏族公社向土地私有制过渡的一种社会组织形式。4—6世纪日耳曼人进入罗马帝国后,曾在各地按照公社组织形式定居。此外,马尔克还存在于法兰西的北部、英格兰、瑞典、挪威和丹麦一带。——67。

84 指欧洲各大国之间为争夺同印度和美洲通商的霸权以及殖民地市场而在17世纪和18世纪进行的一系列战争。最初主要的竞争国家是英国和荷兰,1652—1654、1664—1667和1672—1674年的英荷战争是典型的商业战争,后来决定性的战争在英国和法国之间展开。所有这些战争的胜利者都是英国,到18世纪末,它手中已经集中了几乎全部的世界贸易。——68。

85 海外贸易公司是1772年在普鲁士成立的贸易信用公司。该公司享有许多重要的国家特权。它给予政府巨额贷款,实际上起到了政府的银行老板和财政经纪人的作用。1820年1月起,海外贸易公司正式成为普鲁士国家银行。——73。

86 “自由的人民国家”是19世纪70年代德国社会民主党人提出的纲领性要求和流行口号。恩格斯在1875年3月18—28日给奥·倍倍尔的信中,马克思在《哥达纲领批判》中(见《马克思恩格斯选集》第3版第3卷第348—349、372—375页)对这个口号作了批判。——76。

87 这里关于大不列颠和爱尔兰全部财富的材料引自罗·吉芬的报告《联合王国近来的资本积累》。这个报告是1878年1月15日在统计学会上宣读的,发表在《伦敦统计学会会刊》1878年3月号。——78。

88 《马尔克》一文是恩格斯于 1882 年 9 月中旬至 12 月 20 日撰写的,同年,《马尔克》作为德文版《社会主义从空想到科学的发展》小册子的附录第一次公开发表;1883 年由《社会民主党人报》连载并印成了单行本。

　　恩格斯生前,本文曾作为附录收入《社会主义从空想到科学的发展》的四个德文版和 1892 年英文版。此外,本文经恩格斯修订,于 1883 年底专门为农民读者出版了单行本,书名为《德国农民。他过去怎样? 他现在怎样? 他将来会怎样?》。——85。

89 指格·路·毛勒研究中世纪德国土地制度、城市制度和国家制度的著作。这些著作是:《马尔克制度、农户制度、乡村制度、城市制度和公共政权的历史概论》1854 年慕尼黑版、《德国马尔克制度史》1856 年埃朗根版;《德国领主庄园、农户和农户制度史》1862—1863 年埃朗根版第 1—4 卷;《德国乡村制度史》1865—1866 年埃朗根版第 1—2 卷;《德国城市制度史》1869—1871 年埃朗根版第 1—4 卷。——85。

90 《帝国法》指中世纪德意志皇帝颁布的法律,即罗马法和全帝国法律。《H.E.恩德曼博士根据 1372 年手稿及其他手稿编辑并附有注释的帝国法》1846 年卡塞勒版是这些法律最完备的汇编之一。恩格斯引用的材料载于《关于森林法》部分。——87。

91 《民族法》即蛮族法典(拉丁文为:Leges barbarorum),是对 5—9 世纪形成的、一些日耳曼部落法规的最初文字记录的统称,其中主要记录了这些部落的习惯法,但也包括了符合当时需要的新的法律规范。这些部落于 5—7 世纪在随着民族大迁徙而分崩离析的西罗马帝国及其邻近的土地上逐渐定居并开始建立国家。蛮族是古希腊人和罗马人对其他各民族的蔑称。——89。

92 《里普利安民族法》是对古代日耳曼部落——里普利安的法兰克人的习惯法的记录。这些法兰克人于 4—5 世纪居住在莱茵河和马斯河之间。《里普利安民族法》是研究里普利安的法兰克人社会制度和封建化过程的主要材料。《里普利安法》第 82 节(表 A)和第 84 节(表 B)谈到了耕地的私人占有制。参见《里普利安和法兰克—哈玛维法》1883 年汉诺威版第 104 页,这是有关《里普利安法》的最完备的版本之一。——90。

93　指 1878 年 4 月 15 日颁布的林木盗窃法,该法律规定,未经警察的特别允许不准采集药草、浆果和蘑菇。——92。

94　民族大迁徙指公元 3—7 世纪日耳曼、斯拉夫及其他部落向罗马帝国的大规模迁徙。4 世纪上半叶,日耳曼部落中的西哥特人因遭到匈奴人的进攻侵入罗马帝国。经过长期的战争,西哥特人于 5 世纪在西罗马帝国境内定居下来,建立了自己的国家。日耳曼人的其他部落也相继在欧洲和北非建立了独立的国家。民族大迁徙对摧毁罗马帝国的奴隶制度和推动西欧封建制度的产生起了重要的作用。——93。

95　陪审员法庭是德意志帝国的最低级的法庭,于 1848 年革命以后在许多德意志邦内建立,自 1871 年以后则在整个德国建立。法庭当时由一个皇室法官和两个代表(陪审员)组成,和革命前的陪审员不同,他们参与全部审判过程,不仅参与量刑,而且同法官一道确定惩处的办法。其成员是从统治阶级的代表中特别挑选出来的,要求具备一定的年龄条件、定居期限以及相当数量的财产。陪审员法庭一般受理较轻的罪案。

　　俾斯麦—莱昂哈特的陪审员法庭是在 19 世纪 70 年代末,依据 1877 年 1 月 27 日的审判制度法成立的。——93。

96　西法兰克王国是在查理大帝帝国瓦解后建立的,该帝国是一个暂时的不巩固的军事行政联盟。843 年,帝国由查理的三个孙子瓜分。其中秃头查理得到了帝国的西部领土,包括现在法国的大部分,建立了西法兰克王国。莱茵河以东的土地(未来德国的核心)交给了德意志的路易。从北海到中意大利之间的狭长地带则归查理大帝的长孙洛塔尔掌管。——96。

97　十字军征讨指 11—13 世纪西欧天主教会、封建主和大商人打着从伊斯兰教徒手中解放圣地耶路撒冷的宗教旗帜,主要对东地中海沿岸伊斯兰教国家发动的侵略战争。因参加者的衣服上缝有红十字,故称"十字军"。十字军征讨前后共八次,历时近 200 年,最后以失败而告终。十字军征讨给东方国家的人民带来了深重的灾难,也使西欧国家的人民遭受惨重的牺牲,但是,它在客观上也对东西方的经济和文化交流起到了一定的促进作用。——97。

98　三十年战争(1618—1648年)是一次全欧洲范围的战争,由新教徒和天
　　主教徒之间的斗争引起,是欧洲国家集团之间矛盾尖锐化的结果。德
　　国是战争的主要场所,是战争参加者进行军事掠夺和侵略的对象。

　　　　三十年战争分为四个时期:捷克时期(1618—1624年)、丹麦时期
　　(1625—1629年)、瑞典时期(1630—1635年)以及法国瑞典时期
　　(1635—1648年)。

　　　　三十年战争以1648年缔结威斯特伐利亚和约而告结束,和约的签
　　订加深了德国政治上的分裂。——99。

99　指1806年10月14日普鲁士军队在耶拿会战中战败,最后导致普鲁士
　　向拿破仑法国投降,并于1807年7月7日签订了蒂尔西特和约。普鲁
　　士丧失了将近一半领土,实际上降到了拿破仑法国附属国的地位。
　　——100。

人 名 索 引

A

阿克莱,理查(Arkwright, Sir Richard 1732—1792)——英国企业家,多种纺织机械的设计者和制造者。——28。

阿那克萨哥拉(克拉左门的)(Anaxagoras of Klazomenae 公元前 500 前后—428)——古希腊唯物主义哲学家。——15、37。

艾内恩,恩斯特(Eynern, Ernst 1838—1906)——德国政治活动家和商人,1879 年起为普鲁士第二议院议员,民族自由党人。——7。

B

巴贝夫,格拉古(Babeuf, Gracchus 原名弗朗索瓦·诺埃尔 François-Noël 1760—1797)——法国革命家,空想平均共产主义的代表人物,1796 年是平等派密谋的组织者;密谋失败后被处死。——38。

巴克兰,威廉(Buckland, William 1784—1856)——英国地质学家和教士,在自己的著作中企图把地质学材料同圣经传说调和起来。——17。

巴枯宁,米哈伊尔·亚历山大罗维奇(Бакунин, Михаил Александрович 1814—1876)——俄国无政府主义和民粹主义创始人和理论家;1840 年起侨居国外,曾参加德国 1848—1849 年革命;1849 年因参与领导德累斯顿起义被判死刑,后改为终身监禁;1851 年被引渡给沙皇政府,因禁期间向沙皇写了《忏悔书》;1861 年从西伯利亚流放地逃往伦敦;1868 年参加第一国际活动后,在国际内部组织秘密团体——社会主义民主同盟,妄图夺取总委员会的领导权;由于进行分裂国际的阴谋活动,1872 年在海牙代表大会上被开除出第一国际。——5。

俾斯麦公爵,奥托(Bismarck〔Bismark〕, Otto Fürst von 1815—1898)——普鲁士和德国国务活动家和外交家,普鲁士容克的代表;曾任驻彼得堡大使(1859—1862)和驻巴黎大使(1862);普鲁士首相(1862—1872 和 1873—1890),北德意志联邦首相(1867 — 1871)和德意志帝国首相(1871 — 1890);1870 年发动普法战争,1871 年支持法国资产阶级镇压巴黎公社;主张以"自上而下"的方法实现德国的统一;曾采取一系列内政措施,以保证容克和大资产阶级的联盟;1878 年颁布反社会党人非常法。——73、93。

伯恩施太德,阿达尔贝特(Bornstedt, Adalbert 1808—1851)——德国政论家,小资产阶级民主主义者;《德意志—布鲁塞尔报》的创办人和编辑(1847—1848),1848 年二月革命后是巴黎德意志民主协会领导人;曾为共产主义者同盟盟员,后被开除出同盟(1848 年 3 月);巴黎德国流亡者志愿军团组织者之一;曾与警察局有联系。——4。

伯麦,雅科布(Böhme, Jakob 1575—1624)——德国哲学家,鞋匠,自学成才,神秘主义和泛神论的代表,曾阐述一系列世界辩证发展的思想,多次被新教路德宗判为异端,禁其写作。——15。

博林布罗克子爵,亨利·圣约翰(Bolingbroke, Henry Saint-John, Viscount 1678—1751)——英国自然神论哲学家、政论家和政治活动家,托利党领袖。——26。

布莱特,约翰(Bright, John 1811—1889)——英国政治家,棉纺厂主,自由贸易派领袖和反谷物法同盟创始人;60 年代初起为自由党(资产阶级激进派)左翼领袖;曾多次任自由党内阁的大臣。——32。

布朗基,路易·奥古斯特(Blanqui, Louis-Auguste 1805—1881)——法国革命家,空想共产主义者,主张通过密谋性组织用暴力夺取政权和建立革命专政;许多秘密社团和密谋活动的组织者,1830 年七月革命和 1848 年二月革命的参加者,秘密的四季社的领导人,1839 年五月十二日起义的组织者,同年被判处死刑,后改为无期徒刑;1848—1849 年革命时期是法国无产阶级运动的领袖;巴黎 1870 年十月三十一日起义的领导人,巴黎公社时期被反动派囚禁在凡尔赛,曾缺席当选为公社委员;一生中有 36 年在狱中度过。——4。

布伦坦诺,路德维希·约瑟夫(路约)(Brentano, Ludwig Joseph［Lujo］1844—1931)——德国资产阶级庸俗经济学家,讲坛社会主义者。——34。

C

查理一世(Charles I 1600—1649)——英国国王(1625—1649),17 世纪英国资产阶级革命时期被处死。——24。

查理一世,查理大帝(Charles I, Charlemagne 742—814)——法兰克国王(768—800)和皇帝(800—814)。——93、95。

D

达尔文,查理·罗伯特(Darwin, Charles Robert 1809—1882)——英国自然科学家,科学的生物进化论的奠基人。——7、12、55、68。

德谟克利特(Demokritos［Democritus］约公元前 460—370)——古希腊哲学家,原子论的主要代表,留基伯的学生。——15。

邓斯·司各脱,约翰(Duns Scotus, John 1265 前后—1308)——苏格兰经院哲学家和神学家;唯名论(唯物主义在中世纪的最初表现)的代表人物;著有《牛津文集》。——14。

狄德罗,德尼(Diderot, Denis 1713—1784)——法国哲学家,机械唯物主义的代表人物,无神论者,法国革命资产阶级的代表,启蒙思想家,百科全书派领袖;1749 年因自己的著作遭要塞监禁。——52。

迪斯累里,本杰明,比肯斯菲尔德伯爵(Disraeli［D'Israeli］, Benjamin, Earl of Beaconsfield 1804—1881)——英国政治活动家和著作家,40 年代参加"青年英国";托利党领袖,19 世纪下半叶为保守党领袖;曾任财政大臣(1852、1858—1859 和 1866—1868),内阁首相(1868 和 1874—1880)。——32。

笛卡儿,勒奈(Descartes, René 1596—1650)——法国二元论哲学家、数学家和自然科学家。——26、52。

杜林,欧根·卡尔(Dühring, Eugen Karl 1833—1921)——德国折中主义哲学家和庸俗经济学家,小资产阶级社会主义者,形而上学者;在哲学上把唯心主义、庸俗唯物主义和实证论结合在一起;在自然科学和文学方面也有所著述;1863—1877 年为柏林大学非公聘讲师;70 年代他的思想曾对德国社会民主党部分党员产生过较大影响。——3、5、6、11、12。

多德威尔,亨利(Dodwell, Henry 死于 1784 年)——英国唯物主义哲学家。——16。

F

费希特,约翰·哥特利布(Fichte, Johann Gottlieb 1762—1814)——德国哲学家,德国古典哲学的代表人物,主观唯心主义者。——8。

弗里德里希-威廉三世(Friedrich-Wilhelm III 1770—1840)——普鲁士国王(1797—1840)。——73。

福斯特,威廉·爱德华(Forster, William Edward 1818—1886)——英国工厂主和政治活动家,自由党人,议会议员(1861 年起),曾任爱尔兰事务大臣(1880—1882);奉行残酷镇压爱尔兰民族解放运动的政策。——31、32。

傅立叶,沙尔(Fourier, Charles 1772—1837)——法国空想社会主义者。——8、9、39、41、44—46、68、71。

G

歌德,约翰·沃尔弗冈·冯(Goethe, Johann Wolfgang von 1749—1832)——德国诗人、作家、思想家和博物学家。——19、61。

H

哈特莱,大卫(Hartley, David 1705—1757)——英国医生,唯物主义哲学家。——16。

赫斐斯塔司(Hephästos)——古希腊神话中的火神。罗马神话称之为武尔坎。

掌管火、火山、冶炼技术和神奇手工艺,被视为工匠的始祖。——69。

赫拉克利特(Herakleitos 约公元前 540—480)——古希腊哲学家,辩证法的奠基人之一,自发的唯物主义者。——53。

黑格尔,乔治·威廉·弗里德里希(Hegel, Georg Wilhelm Friedrich 1770—1831)——德国古典哲学的主要代表。——7、8、20、37、46、52、56—59。

亨利七世(Henry VII 1457—1509)——英国国王(1485—1509)。——25。

亨利八世(Henry VIII 1491—1547)——英国国王(1509—1547)。——25。

霍布斯,托马斯(Hobbes, Thomas 1588—1679)——英国哲学家,机械唯物主义的代表人物,早期资产阶级天赋人权理论的代表。——15—17、26。

J

吉芬,罗伯特(Giffen, Robert 1837—1910)——英国资产阶级经济学家和统计学家,财政问题专家;《伦敦统计学会会刊》发行人(1876—1891),商业部统计局局长(1876—1897)。——78。

济贝耳,亨利希·冯(Sybel, Heinrich von 1817—1895)——德国资产阶级历史学家和政治活动家,1867 年起为民族自由党人;主张在普鲁士霸权下"自上而下"统一德国的思想家;普鲁士国家档案馆馆长;所谓小德意志历史学派的代表人物。——7。

济金根,弗兰茨·冯(Sickingen, Franz von 1481—1523)——德国骑士,曾参加宗教改革运动,1522—1523 年反对特里尔大主教的骑士起义的领袖;在兰茨胡特的城堡遭攻击时丧生;拉萨尔的剧本《弗兰茨·冯·济金根》中的济金根的原型。——23。

加尔文,让(Calvin, Jean 1509—1564)——法国神学家和宗教改革运动的活动家,新教宗派之一加尔文宗的创始人。——23—24。

K

卡莱尔,托马斯(Carlyle, Thomas 1795—1881)——英国作家、历史学家和唯心主义哲学家,宣扬英雄崇拜,封建社会主义的代表,资本主义生产方式和资产阶级政治经济学的批评者,托利党人;1848 年后成为工人运动的敌人。——40。

卡特赖特,埃德蒙(Cartwright,Edmund 1743 — 1823)——英国牧师、发明家和机械师,第一台获得专利的机械织布机的发明者。——28。

凯撒(盖尤斯·尤利乌斯·凯撒)(Gaius Julius Caesar 公元前 100 — 44)——罗马统帅、国务活动家和著作家。——86、87。

康德,伊曼努尔(Kant,Immanuel 1724 — 1804)——德国古典哲学的创始人,唯心主义者;也以自然科学方面的著作闻名。——7、8、19、20、46、56。

考尔德,威廉(Coward,William 1656 前后 — 1725)——英国医生,哲学家,唯物主义者。——16。

柯林斯,安东尼(Collins,Anthony 1676 — 1729)——英国唯物主义哲学家。——16。

柯瓦列夫斯基,马克西姆·马克西莫维奇(Ковалевский,Максим Максимович 1851—1916)——俄国社会学家、政治活动家、历史学家、民族学家和法学家;资产阶级自由主义者;曾将比较法学的方法运用于民族学和早期历史;写有原始公社制度方面的著作。——13。

科布顿,理查(Cobden,Richard 1804—1865)——英国工厂主,自由党人,自由贸易的拥护者,反谷物法同盟创始人,议会议员(1841—1864);曾参加多次国际和平主义者代表大会,如 1850 年 8 月美因河畔法兰克福和平主义者代表大会。——32。

克伦威尔,奥利弗(Cromwell,Oliver 1599—1658)——英国国务活动家,17 世纪英国资产阶级革命时期资产阶级和资产阶级化贵族的领袖;1649 年起为爱尔兰军总司令和爱尔兰总督,1653 年起为英格兰、苏格兰和爱尔兰的护国公。——24。

L

拉法格,保尔(Lafargue,Paul 笔名保尔·洛朗 Paul Laurent 1842—1911)——

法国医生和政论家,法国工人运动和国际工人运动的活动家,大学生运动的参加者,1865 年流亡英国,国际总委员会委员,西班牙通讯书记(1866—1869),曾参加建立国际在法国的支部(1869—1870)及在西班牙和葡萄牙的支部(1871—1872);巴黎公社的支持者(1871),公社失败后逃往西班牙;《解放报》编辑部成员,新马德里联合会的创建人之一(1872),海牙代表大会(1872)代表,法国工人党创始人之一(1879);1882 年回到法国,《社会主义者报》编辑;1889 年国际社会主义工人代表大会的组织者之一和代表,1891 年国际社会主义工人代表大会代表;法国众议院议员(1891—1893);马克思和恩格斯的学生和战友;马克思女儿劳拉的丈夫。——3、4、6、12。

拉普拉斯,皮埃尔·西蒙(Laplace, Pierre-Simon 1749—1827)——法国天文学家、数学家和物理学家,不依靠康德而独立地阐发了并且从数学上论证了太阳系起源于星云的假说(1796),并阐发了概率论(1812)。——7、18、56。

拉萨尔,斐迪南(Lassalle, Ferdinand 1825—1864)——德国工人运动中的机会主义代表,1848—1849 年革命的参加者;全德工人联合会创始人之一和主席(1863);写有古典古代哲学史和法学史方面的著作。——7、11。

莱昂哈特,格尔哈德·阿道夫·威廉(Leonhardt, Gerhard Adolf Wilhelm 1815—1880)——德国法学家和国务活动家,汉诺威司法大臣(1865—1866)和普鲁士司法大臣(1867—1879)。——93。

林耐,卡尔·冯(Linné, Carl von 1707—1778)——瑞典自然科学家和医学家,植物和动物分类法的创立者;主张物种描述采用双名命名制。——58。

卢格,阿尔诺德(Ruge, Arnold 1802—1880)——德国政论家,青年黑格尔分子,《哈雷年鉴》的出版者,《莱茵报》的撰稿人,1843—1844 年同马克思一起筹办并出版《德法年鉴》;1844 年中起反对马克思,1848 年为法兰克福国民议会议员,属于左派,50 年代是在英国的德国小资产阶级流亡者领袖之一;1866 年后成为民族自由党人。——3。

卢梭,让·雅克(Rousseau, Jean-Jacques 1712—1778)——法国启蒙运动的主要代表人物,民主主义者,小资产阶级思想家,自然神论哲学家。——37、40、52。

路德,马丁(Luther, Martin 1483—1546)——德国神学家,宗教改革运动的活动家,德国新教路德宗的创始人,德国市民等级的思想家,温和派的主要代表;在1525年农民战争时期,站在诸侯方面反对起义农民和城市平民。——23、24。

路易·波拿巴——见拿破仑第三。

路易-菲力浦一世(路易-菲力浦),奥尔良公爵(Louis-Philippe I〔Louis-Philippe〕, duc d'Orléans 1773—1850)——法国国王(1830—1848)。——25、30。

洛克,约翰(Locke, John 1632—1704)——英国唯物主义经验论哲学家和经济学家,启蒙思想家,早期资产阶级天赋人权理论的代表。——16、17、54。

M

马布利,加布里埃尔(Mably, Gabriel 1709—1785)——法国历史学家和政治活动家,启蒙思想家;空想平均共产主义的代表人物。——38。

马尔提涅蒂,帕斯夸勒(Martignetti, Pasquale 1844—1920)——意大利社会主义者,曾将马克思和恩格斯的著作译成意大利文。——9。

曼纳斯,约翰·詹姆斯·罗伯特,拉特兰公爵(Manners, John James Robert, Duke of Rutland 1818—1906)——英国国务活动家,托利党人,后为保守党人,40年代参加"青年英国",议会议员,屡任保守党内阁的大臣。——33。

曼特尔,吉迪恩·阿尔杰农(Mantell, Gideon, Algernon 1790—1852)——英国地质学家和古生物学家,在自己的著作中企图把科学材料同圣经传说调和起来。——17。

毛勒,格奥尔格·路德维希(Maurer, Georg Ludwig 1790—1872)——德国历史学家,古代和中世纪的日耳曼社会制度的研究者;写有中世纪马尔克公社的农业史和制度史方面的著作。——85。

梅特涅-温内堡公爵,克莱门斯·文策斯劳斯·奈波穆克·洛塔尔(Metternich-Winneburg, Clemens Wenzeslaus Nepomuk Lothar Fürst von

1773—1859)——奥地利国务活动家和外交家,曾任外交大臣(1809—1821)和首相(1821—1848),神圣同盟的组织者之一。——73。

闵采尔,托马斯(Müntzer [Münzer], Thomas 1490 前后—1525)——德国神学家,宗教改革时期和 1525 年农民战争时期为农民平民阵营的领袖和思想家,宣传空想平均共产主义的思想。——38。

摩莱里(Morelly 1715 前后—1755 以后)——法国作家,空想平均共产主义的代表人物。——38。

墨洛温王朝——5 世纪中叶至 8 世纪中叶法兰克王国的第一个王朝。——95。

穆迪,德怀特·莱曼(Moody, Dwight Lyman 1837—1899)——美国传教士,新教教会活动家。——30。

N

拿破仑第一(拿破仑·波拿巴)(Napoléon I [Napoléon Bonaparte] 1769—1821)——法国皇帝(1804—1814 和 1815)。——18、40、42、48、73。

拿破仑第三(路易-拿破仑·波拿巴)(Napoléon III [Louis-Napoléon Bonaparte] 1808—1873)——法兰西第二共和国总统(1848—1851),法国皇帝(1852—1870),拿破仑第一的侄子。——30。

牛顿,伊萨克(Newton, Isaac 1642—1727)——英国物理学家、天文学家和数学家,经典力学的创始人。——56、58。

O

欧文,罗伯特(Owen, Robert 1771—1858)——英国空想社会主义者。——3、8、9、17、39、41、47—49。

P

培根,弗兰西斯,维鲁拉姆男爵,圣奥尔本斯子爵(Bacon, Francis, Baron of Verulam and Viscount of Saint Albans 1561—1626)——英国唯物主义哲学

家、政治活动家和法学家、自然科学家和历史学家;英国启蒙运动的倡导者。——14—17、54。

蒲鲁东,皮埃尔·约瑟夫(Proudhon, Pierre-Joseph 1809—1865)——法国政论家、经济学家和社会学家,小资产阶级思想家,无政府主义理论的创始人,第二共和国时期是制宪议会议员(1848)。——50。

普利斯特列,约瑟夫(Priestley, Joseph 1733—1804)——英国化学家和唯物主义哲学家,英国资产阶级激进派的思想家,1774 年发现氧气;1794 年因拥护法国大革命而流亡美国。——16。

普罗米修斯(Prometheus)——古希腊神话中的一个狄坦神,他从天上盗取火种,带给人类;宙斯把他锁缚在悬崖上,令鹰啄他的肝脏,以示惩罚。——69。

Q

乔纳森大哥——美国漫画作品中的人物,在美国建国的初期是美国人或美国资产阶级的代表人物的代名词,这个称谓后来逐步被"山姆大叔"所取代。——30。

S

桑基,艾拉·戴维(Sankey, Ira David 1840—1908)——美国新教传教士。——30。

桑乔·潘萨(Sancho Pansa)——塞万提斯的小说《唐·吉诃德》中的人物,唐·吉诃德的侍从。——7。

沙佩尔,卡尔(Schapper, Karl 1812—1870)——德国工人运动和国际工人运动的活动家,正义者同盟的领导者之一,伦敦德意志工人共产主义教育协会创建人之一,共产主义者同盟中央委员会委员;1848—1849 年革命的参加者;民主主义者莱茵区域委员会委员,该委员会案件(1849 年 2 月 8 日)的被告之一;1849 年 2—5 月为科隆工人联合会主席;《新莱茵报》撰稿人;1850 年共产主义者同盟分裂时为冒险主义宗派集团的领袖之一;1856 年起重新同马克思和恩格斯接近;国际总委员会委员(1865),1865 年伦敦代

维利希,奥古斯特(Willich,August 1810—1878)——普鲁士军官,1847年起为
　　共产主义者同盟盟员,1849年巴登—普法尔茨起义中为志愿军团首领;
　　1850年共产主义者同盟分裂时同卡·沙佩尔一起组成反对马克思的冒险
　　主义宗派集团;1853年侨居美国,站在北部方面参加美国内战,任将军。
　　——4。

魏特林,克里斯蒂安·威廉(Weitling,Christian Wilhelm 1808—1871)——德
　　国工人运动活动家,正义者同盟领导人,职业是裁缝;空想平均共产主义理
　　论家和鼓动家;工人同盟的创始人,《工人共和国报》的出版者;1849年流
　　亡美国,晚年接近国际工人协会。——50。

Y

亚里士多德(Aristoteles 公元前384—322)——古希腊哲学家,在哲学上摇摆
　　于唯物主义和唯心主义之间,奴隶主阶级的思想家,按其经济观点来说是
　　奴隶占有制自然经济的维护者,他最先分析了价值的形式;柏拉图的学生。
　　——52。

纪念马克思诞辰 200 周年

《马克思恩格斯著作特辑》
编审委员会

责任编辑：孔　欢
编辑助理：余　雪　高华梓
装帧设计：肖　辉　周方亚
责任校对：张　彦

图书在版编目（CIP）数据

社会主义从空想到科学的发展/恩格斯著;中共中央马克思恩格斯列宁斯大林著作
　编译局编译. —北京:人民出版社,2018.3
（马克思诞辰200周年纪念特辑）
ISBN 978－7－01－018987－1
Ⅰ.①社…　Ⅱ.①恩…②中…　Ⅲ.①马列著作-马克思主义　Ⅳ.①A124
中国版本图书馆 CIP 数据核字（2018）第 035878 号

书　　　名　**社会主义从空想到科学的发展**
　　　　　　SHEHUIZHUYI CONG KONGXIANG DAO KEXUE DE FAZHAN
编　译　者　中共中央马克思恩格斯列宁斯大林著作编译局
出版发行　**人民出版社**
　　　　　　（北京市东城区隆福寺街 99 号　邮编 100706）
邮购电话　（010）65250042　65289539
经　　　销　新华书店
印　　　刷　北京中科印刷有限公司
版　　　次　2018 年 3 月第 1 版　2018 年 3 月北京第 1 次印刷
开　　　本　787 毫米×1092 毫米 1/16
印　　　张　10
插　　　页　2
字　　　数　114 千字
印　　　数　00,001-20,000 册
书　　　号　ISBN 978－7－01－018987－1
定　　　价　28.00 元